Anna MANCINI

Comment Percer les secrets, énigmes et mystères de l'ancienne Égypte et D'autres anciennes civilisations

Buenos Books International
www.buenosbooks.fr

Editeur: BUENOS BOOKS INTERNATIONAL, PARIS
E-mail: info@BuenosBooks.fr

Edition brochée : ISBN: 978-2-915495-62-1

Dépôt légal Paris : 1er trimestre 2009

SITE DE L'AUTEUR

WWW.AMANCINI.COM

DU MÊME AUTEUR :

Maat, La philosophie de la justice de l'ancienne Egypte

ISBN : 9782915495287

Les solutions de l'ancien droit romain aux problèmes juridiques modernes

ISBN : 9782915495058

L'intelligence des rêves

ISBN : 9782915495003

A

Antonietta Carracio et Lorenzo Mancini,

Avec toute ma gratitude.

Merci à tous ceux qui depuis des générations ont traduit les anciennes écritures, fouillé les sites archéologiques et préservé les vestiges des anciens peuples.

Merci aussi à tous ceux qui dans les musées mettent à la disposition de tous les trésors de notre passé.

TABLE DES MATIERES

7 CHAPITRE INTRODUCTIF
Mon itinéraire particulier vers les anciennes civilisations

27 CHAPITRE 1
Le corps humain, un pont entre le monde tangible et le monde intangible

47 CHAPITRE 2
L'observation des connexions entre les rêves et la réalité, une méthode efficace pour comprendre comment fonctionnent les anciennes strates de notre psyché individuelle et collective

48 1. Comment observer votre processus onirique
51 2. Comment noter vos rêves
74 3. Comment prendre des notes sur la réalité et sur l'environnement dans lequel vous vivez

81 CHAPITRE 3
Le monde que vous découvrirez à travers l'observation simultanée des rêves et de la réalité vous fera mieux comprendre l'univers psychique des anciens

82 1. Mise en lumière d'un réseau d'échanges intangibles entre les personnes

89 2. Les représentations du temps et de l'espace dans notre psyché inconsciente

105 CHAPITRE 4
Apprenez à parler à votre inconscient dans sa langue, et vous pourrez bénéficier de son inépuisable richesse informationnelle

111 CHAPITRE 5
Les meilleures conditions pour tirer parti de la richesse informationnelle de l'inconscient pour les recherches sur les anciennes civilisations

113 1. Reprenez contact avec votre monde intérieur
114 2. N'entravez pas le bon fonctionnement du cerveau
116 3. Sachez mettre à profit la phase de l'endormissement
118 4. Augmentez votre vitalité pour mieux communiquer avec votre inconscient
120 5. Evitez de vous acharner sur les problèmes insolubles, prenez de la distance
120 6. Apprenez à tirer un meilleur parti du produit de vos fouilles archéologiques
122 7. Développez votre souplesse mentale
124 8. Apprenez à regarder les anciennes images

127 CONCLUSION
131 BIBLIOGRAPHIE
133 NOTES

CHAPITRE INTRODUCTIF

Mon itinéraire particulier vers les anciennes civilisations

Tarente, une ville du sud de l'Italie, située au creux du talon de la botte, dans un golfe qui porte son nom, fut fondée par les grecs en 706 avant Jésus-Christ. De la Grèce antique, le visiteur moderne ne trouvera plus à Tarente que deux colonnes de pierre, vestige d'un ancien temple dorique dédié à Poséidon construit sur ce site magnifique, face au bleu intense de l'océan. C'est dans ce qui fut l'aire sacrée de cet ancien temple grec que vivaient mes parents. C'est là que je fus conçue quelques mois avant leur départ pour la France où ma mère me mit au monde. Même si la psychologie moderne a mis en évidence qu'il existe non seulement une hérédité physique, mais aussi une hérédité psychique transgénérationnelle, le fait d'avoir été conçue dans un lieu chargé d'histoire et celui d'être la descendante de lointains ancêtres grecs n'ont pas suffi à me faire pénétrer plus en avant l'esprit des civilisations disparues de la méditerranée. Il fallut bien d'autres concours de circonstances. Les premières d'entre elles me furent apportées par le couple parental. Mon père était un homme "normal" de notre époque. En ce sens, il était rationnel et logique. Il avait appris à lire et à écrire et s'était très vite adapté à la culture de son nouveau pays. La structure mentale de ma mère était tout à fait inhabituelle. Des problèmes graves de surdité l'ayant empêchée d'être scolarisée, elle était analphabète et sa psyché était restée à l'abri de l'imprégnation de l'esprit du monde moderne. Elle avait grandi dans un autre monde plein d'images où il n'y avait ni lecture, ni écriture et où l'intuition jouait le premier rôle. Elle faisait de son cerveau un usage tout à fait différent de celui que nous faisons dans notre monde qui privilégie la rationalité et les fonctions de l'hémisphère gauche. Sa structure mentale se rapprochait de celle des anciens peuples dits « prélogiques ». Longtemps plus tard, je compris qu'elle avait été pour moi comme un livre ouvert sur l'univers mental des anciens peuples de la méditerranée et qu'ainsi elle m'avait préparée à mieux comprendre les anciennes civilisations que j'allais rencontrer à travers mes études. Tandis que mon père parlait l'italien moderne et le français, ma mère ne parlait que son dialecte. C'était une langue imagée et chargée d'histoire qui devint ma langue maternelle. Cette langue me servit beaucoup par la suite lors de mes études universitaires en ancien droit romain. Mais avant d'arriver à l'université, il me fallut parcourir avec beaucoup de patience un long chemin familial. Mes parents vivaient dans deux univers de pensée totalement séparés et j'avais observé qu'ils avaient une intelligence complètement différente. Entre mon père et ma mère se jouait le choc de la rencontre d'un univers logique que le philosophe Karl Jaspers a appelé "l'âge axial" et d'un univers prélogique, mythologique, ou pré axial. Ma mère était visiblement isolée dans son univers si spécial. Pour l'aider à sortir de cet isolement, je commençais à traduire pour elle les journaux français, les films, les conversations. Dès mon plus jeune âge, j'avais appris à jongler entre le français et son dialecte, mais surtout (ce qui était beaucoup moins évident) entre la structure mentale moderne et une structure mentale de type "prélogique". Pour pouvoir mieux communiquer avec elle, j'étais entrée dans son monde. Là, j'avais découvert une autre logique, une autre rationalité, un rapport différent au temps, à l'espace et aux autres, d'autres centres d'intérêt, une intense activité onirique, une imagination et une intuition que je ne retrouvais ni chez mon père, ni chez aucune personne de mon entourage. Je découvrais peu à peu chez ma mère une activité cérébrale riche et puissante qui l'emplissait d'une intense joie de vivre qu'elle communiquait à son entourage. Je constatais que souvent, il ne fallait pas prendre ses discours à la lettre mais les traduire dans la "langue" de l'esprit conscient pour découvrir tout leur sens. J'avais la nette sensation que la psyché de ma mère était branchée sur la vie, sur l'énergie, sur la nature et sur le cosmos. C'est cette même "ambiance" que je retrouvais plus tard au contact d'expositions d'objets de l'Antiquité dans les musées et dans mes visites des vestiges d'anciens temples grecs. La psyché de mon père, au contraire était centrée sur le monde extérieur et les préoccupations de la survie matérielle. Il ne s'intéressait pas aux rêves et n'avait pas les "antennes" dont ma mère se servait amplement et avec lesquelles elle me sauva un jour la vie. Au contact de mon père, puis à l'école, je développais mon esprit rationnel.

Tandis qu'au contact de ma mère, j'appris à communiquer avec mon propre univers intérieur "prélogique", cette strate de notre psyché inhibée par notre cerveau conscient dans notre vie diurne et tellement active dans nos rêves. Ma mère qui faisait un usage pratique de son monde onirique m'initia à faire de même. J'explorais mon propre monde intérieur. Je pris conscience du fait que notre univers moderne rationnel et logique n'est qu'un minuscule iceberg flottant sur l'immense océan de richesse psychique auquel semblent s'être abreuvées toutes les anciennes civilisations. Pour nous, cet océan n'existe plus, pourtant chaque nuit, dans nos rêves, c'est là que nous allons tous nous baigner.

Vers 20 ans, je quittais ma famille pour aller étudier le droit à Lille. Tous mes amis, mes professeurs, et toutes les personnes qui m'entouraient à l'université avaient la même structure mentale que mon père. Prudemment, je me limitais comme mon entourage à cette structure seulement. Je n'avais plus personne avec qui communiquer sur cet autre mode tellement plus riche, et tellement chargé de vie. Mais, peu à peu j'oubliais l'univers psychique que ma mère m'avait fait découvrir.

Dans un cursus universitaire juridique, l'imagination, l'intuition, la manière de penser des mondes prélogiques et ma vieille langue maternelle étaient parfaitement inutiles. J'étudiais le droit privé. Je projetais de devenir avocate et d'enseigner le droit à l'université. Mon héritage culturel m'entraîna vers un tout autre destin.

Ma deuxième rencontre avec l'âme des anciens peuples eut lieu au cours de mon année de maîtrise. Tout commença avec le choix de l'ancien droit romain comme matière optionnelle. Quelle fut mon agréable surprise de découvrir dans le droit romain archaïque un univers mental semblable à celui de ma mère. Cela m'emplissait de joie et de curiosité. Je me sentais si proche et si familière de ce système de pensée, de ce monde dont la vitalité l'avait propulsé jusqu'à nous et le maintenait toujours en vie à travers le droit. Notre professeur de droit romain était une "vedette" de l'université de Paris qui chaque semaine se déplaçait à Lille pour nous communiquer avec une grande passion son savoir. Les connaissances qu'il transmettait m'enseignaient beaucoup plus que ce qu'il savait lui-même. Tandis qu'il se riait beaucoup de ces "primitifs" auxquels il se sentait supérieur, parce qu'il ne les comprenait pas, toutes les connaissances qu'il avait engrangées sans pouvoir les comprendre réellement, m'ouvraient des portes qu'aucun spécialiste du monde moderne ne pouvait ouvrir en appréhendant le droit romain archaïque avec son esprit moderne. En approfondissant mes recherches sur le droit romain archaïque, il m'apparut clairement que ce « droit » est une source inexploitée de connaissances sur le fonctionnement du monde intangible et du cerveau humain. Grâce à une perception différente de ces antiques connaissances, il me fut très facile plus tard au niveau du doctorat d'apporter (dans son langage) au milieu universitaire la solution à la fameuse énigme du droit romain.[1] Cette énigme avait fait couler beaucoup d'encre en vain. A tel point que les recherches dans ce domaine furent abandonnées après plusieurs siècles de travaux, par les plus grandes autorités européennes.

Cette découverte doctorale dérangea mon directeur de thèse, un homme qui avait du pouvoir à l'université de Paris et qui était aussi un académicien. Il fit usage de son pouvoir social et universitaire pour m'empêcher de soutenir ma thèse aussi bien en France qu'à l'étranger.

C'est ainsi que pour un certain temps, je quittai l'université, sans pour autant abandonner mes recherches. Lorsque ce professeur prit enfin sa retraite, je repris la route de la même université pour une seconde thèse consacrée à la philosophie du droit de l'Internet, cette fois sous la direction d'un sympathique philosophe grec. Loin de m'attendre à cela, ces nouvelles recherches m'entraînèrent vers ma troisième rencontre avec les anciens mondes: l'Egypte. En effet, c'est en cherchant un concept de justice adapté à l'Internet que je fus amenée à faire des recherches sur le concept de Maat, que les égyptologues considèrent être la déesse de la Vérité Justice.

Entre mes deux thèses, dix années s'étaient écoulées, pendant lesquelles j'avais étudié la philosophie de l'esprit à l'université de Londres, approfondi mon expérience des rêves, et fondé à Paris une association de recherche sur la psyché humaine et son potentiel créatif. En travaillant dans un cabinet de conseil en brevets d'inventions, j'avais en effet pu observer que de nombreux inventeurs avaient obtenu leurs idées inventives en rêve. Voulant comprendre ce phénomène et essayer de trouver une méthode pour le rendre accessible à un plus grand nombre de chercheurs et de savants, j'avais réalisé des recherches dans cette voie au sein d'Innovative You, l'association que j'avais créée. Ces recherches m'avaient permis de mettre au point la méthode de travail sur les connexions entre les rêves et la réalité que j'enseigne encore aujourd'hui à tous ceux qui veulent mieux utiliser le potentiel d'intelligence créatrice de leur inconscient. Cette méthode permet aussi de reprendre contact avec les anciennes strates de notre psyché, ce qui nous met en mesure de mieux comprendre comment nos lointains ancêtres ressentaient le monde qui les entourait.

Grâce à l'expérience que j'avais acquise dans l'intervalle, je me rendis vite compte en faisant des recherches sur Maat, que les égyptologues avaient amassé sur ce sujet de grandes richesses archéologiques et fait un travail considérable de traduction des textes. Malheureusement pour eux, faute d'avoir été formés à comprendre leurs propres rêves, ils n'avaient pu tirer de l'immense travail accompli qu'un très maigre parti.

C'est par le rêve, que le cerveau moderne se rapproche le plus des anciens peuples qui l'ont précédé. Ce qui signifie *a contrario* que tous les chercheurs, historiens, archéologues, égyptologues, traducteurs et autres spécialistes qui ne comprennent pas leurs propres symboles oniriques sont dans l'impossibilité de bien comprendre les mondes qu'ils étudient. De ce fait, ils font beaucoup d'erreurs, qui font parfois sourire (et je m'en excuse) la "routière" du décryptage des symboles que je suis devenue après plus de 20 ans d'exploration systématique des connexions entre le rêve et la réalité. A titre d'exemple, je vais vous parler d'Ammit (aussi appelée Ammut, Ammet et Ahemait).

Voici un croquis d'Ammit isolée de son contexte.

Vous pouvez voir qu'Ammit a une tête de crocodile la gueule ouverte et les dents apparentes prête à vous croquer! Son corps composite est formé de la partie arrière du corps d'un hippopotame, du buste d'un lion ou d'un léopard (?) et probablement de la crinière d'un lion. Ammit se traduit par dévoreuse ou mangeuse d'os, elle est aussi appelée dévoreuse des millions (Am-Heh en égyptien).

Et voici Ammit dans le contexte où on la découvre le plus souvent, au pied et à droite de la balance de la justice:

J'ai réalisé ce croquis d'après le papyrus d'Hunefer, un scribe égyptien qui a vécu aux environs de 1310 avant Jésus-Christ. Il est intéressant de regarder cette scène en couleur. Elle se trouve facilement sur l'Internet par exemple sur les sites suivants, le papyrus original est conservé par le British Museum: www.siloam.net/rostau/ newgiza/entrance.html; www.guardians.net/hawass/ tomb_of_iuf-aa.htm; http://web.ukonline.co.uk/gavin.egypt).

Voici quelques exemples de la perception d'Ammit par le milieu égyptologique:

« Si le jugement est défavorable, le pécheur devient la proie de la 'dévoreuse'... un monstre hybride..."[2]

« Un monstre à l'allure d'hippopotame, la Dévorante, accroupi auprès de la balance, attend que le damné lui soit livré en pâture. Le Justifié, lui, passe outre et s'avance vers Osiris sous la conduite d'Horus. »[3]

« La 'grande Mangeuse' se dresse sur sa natte: campée sur ses maigres pattes de lion, traînant son postérieur pataud de pachyderme, elle tourne avidement son museau de saurien vers le greffier.... »[4]

« A côté se dresse la 'grande mangeuse', un monstre qui, en cas de déséquilibre, est chargé de l'élimination du coupable. »[5]

« Après l'époque armanienne, on y ajoutera encore l'image de la 'Dévorante' incarnant la gueule de l'enfer. »[6]

Avant de lire la suite, essayez de ressentir la scène de la justice. Quelle est l'atmosphère qui s'en dégage? Les égyptologues ont appelé cette scène: "le jugement des morts" ou "la psychostasie" ou encore "la pesée du coeur". Ne vous laissez pas influencer par les étiquettes de l'égyptologie. Essayez de regarder la scène avec un regard neuf et avec toute votre sensibilité. Quelles émotions réveille-t-elle en vous ? Quelle est l'atmosphère générale qui se dégage de la scène ? Quel est l'élément principal de la scène ? Ammit, qui peut-elle être? Regardez-la. Vous fait-elle peur comme un monstre? Semble-t-elle faire peur aux autres personnages de la scène? Pourquoi donc s'appelle-t-elle Ammit, ce qui est traduit par les égyptologues comme: "la dévorante", "la dévoreuse", "la grande dévoreuse" "la dévoreuse des millions"? Réfléchissez!

Les égyptologues perçoivent cet être composite à la gueule ouverte comme un monstre placé là pour avaler le défunt reconnu coupable de péchés qui auraient fait pencher la balance de la justice du mauvais côté ! Cette erreur est faite par tous, étant donné que l'esprit conscient moderne ne peut voir dans Ammit qu'un monstre. Si ceux qui ont étudié Maat avaient eu la possibilité de se former à aux « codes » de leur propre inconscient, ils n'auraient pas fait cette regrettable erreur concernant Ammit. Ce qui, du même coup, leur a fermé toute possibilité de comprendre la scène dans son ensemble et d'accéder à la compréhension du concept de Maat. Quel dommage ! Maat étant un concept clef de l'ancienne Egypte, ils auraient pu répondre à de nombreuses questions sur la civilisation égyptienne restées sans réponse, et améliorer considérablement les traductions des anciens textes.

A propos d'Ammit, un auteur se demandait pourquoi nous la trouvons dans toutes les représentations du jugement des morts. La réponse à cette question est très simple. D'après mon expérience, il est clair qu'Ammit n'est autre que la représentation symbolique des connaissances scientifiques des prêtres de l'ancienne Egypte sur le processus de la mort. Tandis que la scène entière explique en les opposant le processus de la vie et celui de la mort. Cette scène est remarquable par la synthèse qu'elle offre des connaissances des anciens prêtres égyptiens. Encore faut-il savoir la regarder sans y projeter nos propres conceptions du monde moderne. Nous sommes loin de l'atmosphère de jugement et de culpabilité du monde judéo-chrétien. Il ne s'agit ni d'un jugement, ni d'une pesée mais d'autre chose. J'explique en détail dans mon livre : *Maat, la philosophie de la justice dans l'ancienne Egypte*,[7] comment comprendre cette scène et ce qu'elle signifie. Quant à Ammit, ce n'est pas par hasard que cet animal s'appelle « la dévoreuse des millions ». Qui mieux que la mort engloutit tout, engloutit tout le monde? Coupable ou non coupable, Ammit décomposera le corps de chaque mort et ce faisant le fera disparaître, sans aucun jugement. En décryptant cette image comme si elle était une image surgie de l'inconscient, il est possible d'accéder aux connaissances de l'ancienne Égypte concernant le phénomène de la mort. Et c'est bien plus intéressant et instructif que l'idée d'un vilain petit monstre dessiné là pour faire peur aux méchants coupables! La mort selon les observations des anciens Égyptiens, provenait de la disharmonie introduite par la mauvaise circulation de Maat (d'où le dessin d'un être disharmonieux), qui provoquait la décomposition (d'où l'animal composite), et la disparition (d'où la gueule ouverte qui avale tout, engloutit tout et fait tout disparaître). Pourquoi les anciens Égyptiens se seraient-ils amusés à dessiner un monstre dans cette scène si apaisante dans son ensemble ? Comparé à Ammit, notre squelette avec sa faux fait piètre figure pour expliquer le phénomène de la mort physique!

Une fois que nous avons compris, grâce à une lecture symbolique, que la scène dite du « jugement des morts » n'est pas du tout un jugement des morts mais la représentation symbolique de processus vitaux, nous pouvons répondre à la question posée précédemment à propos de la présence d'Ammit dans toutes les scènes du jugement des morts. Du point de vue des anciens Egyptiens, il y a une excellente raison pour représenter toujours ce « monstre » dans cette scène qui dans son ensemble montre le processus de la vie et son contraire. Le contraste utilisé entre la vie et la mort dans une même scène symbolique enrichit le message de toute l'image. Il est tout à fait remarquable de constater qu'avec une seule image les anciens Égyptiens ont pu communiquer aux personnes capables de la « lire » leurs connaissances au sujet de la façon dont la vie est entretenue et leurs connaissances sur ce qui se passe lorsque la vie cesse d'être alimentée par Maat, l'énergie vitale qui vient du soleil. En prenant une comparaison tirée de la technologie informatique, nous pourrions dire que cette image est comme un fichier compressé qu'un cerveau « primitif » peut ouvrir et décompresser mais que le cerveau moderne ne peut même pas ouvrir.

A travers l'exemple frappant d'Ammit, (un symbole pourtant facile à déchiffrer, puisque les anciens Égyptiens lui avaient donné un nom assez explicite) il est aisé de prendre conscience du grand avantage qu'auraient les archéologues à se former à la technique d'exploration des rêves que j'explique dans cet ouvrage. Le travail d'observation des connexions entre le rêve et la réalité que j'explique ci-après est un précieux entraînement pour une meilleure utilisation de l'esprit conscient et sa meilleure coopération avec la richesse informationnelle de l'inconscient. En observant selon la méthode que j'enseigne les connexions entre vos rêves et votre réalité, vous accéderez à l'univers mental et à la sensibilité des anciens peuples. Pourquoi ? Parce que lorsque nous dormons, notre conscience de l'état de rêve est tout entière centrée sur la gestion de l'énergie vitale et sur les liens intangibles que nous tissons les uns avec les autres. Et ce sont ces aspects qui intéressaient au plus haut point les anciennes civilisations. En découvrant votre monde onirique et ses relations avec votre réalité, vous aurez la possibilité de percevoir le monde à la manière des anciens peuples que vous étudiez. Cela vous permettra de comprendre tout ce qui ne peut que rester énigmatique ou « primitif » vu sous l'angle de l'univers mental de l'homme moderne dont la sensibilité corporelle à son environnement énergétique s'est considérablement émoussée. A tel point qu'il n'accorde plus qu'une importance quasi exclusive à l'aspect matériel de son environnement. Or, les anciens peuples percevaient beaucoup mieux que nous les énergies de la nature. Ils avaient exploré les propriétés du monde intangible et observé que le corps humain fonctionne comme un pont entre le monde tangible et le monde intangible. C'est cette connaissance que nous trouvons au coeur du droit romain archaïque. C'est d'elle, ainsi que de mes recherches que je vais m'inspirer pour vous expliquer, dans un premier chapitre, le rôle que joue le corps humain à la jonction du rêve et de la réalité et l'importance d'observer ce phénomène pour pouvoir comprendre le processus onirique.

Un second chapitre vous exposera la méthode à appliquer pour explorer efficacement votre psyché et reprendre contact avec ses anciennes strates très liées à l'instinct et à la nature. Dans un troisième chapitre, j'explique à quels résultats vous pouvez aboutir après environ un an de travail. A travers ces résultats, vous verrez se profiler l'univers que percevaient nos lointains ancêtres et comprendrez notamment pourquoi, ils étaient si friands des augures. Dans le quatrième chapitre, je vous fais part d'une technique que vous pourrez utiliser lorsque vous aurez effectué le travail de décodage de vos symboles oniriques selon la méthode simple et efficace d'observation des connexions entre vos rêves et votre réalité. Cette technique vous permettra d'obtenir volontairement de votre inconscient les réponses aux questions que vous vous posez. Elle peut être utilisée dans tous les domaines, et même pour retrouver des objets perdus. Le cinquième et dernier chapitre vous donne des conseils pour vous mettre dans les meilleures conditions pour coopérer avec votre inconscient.

CHAPITRE 1

Le corps humain, un pont entre le monde tangible et le monde intangible

Dans le monde moderne occidental, la capacité de perception consciente de l'univers intangible qui nous entoure s'est fortement émoussée, voire a disparu pour la plupart d'entre nous. Nous ne percevons plus de manière consciente par exemple l'harmonie ou la disharmonie énergétique des lieux, des objets ou des personnes qui nous entourent. Cette incapacité de notre cerveau conscient à percevoir cette autre dimension n'empêche pas notre corps d'y vivre et d'en être affecté. En étudiant le fonctionnement de votre corps à la jonction du rêve et de la réalité, vous pourrez à nouveau prendre conscience de la réalité intangible qui nous entoure et à laquelle les anciens peuples étaient extrêmement sensibles. Pour eux, la perception de la charge informationnelle des lieux où ils vivaient était la condition de leur survie. Elle faisait tout simplement parti de l'instinct de conservation. En redécouvrant cet instinct dans les anciennes strates de votre psyché, vous pourrez mieux comprendre la logique comportementale des hommes et des femmes des anciennes civilisations. Je vous propose donc à travers l'étude du phénomène onirique d'observer comment fonctionne votre corps à la jonction de vos rêves et de votre réalité. Pour comprendre le phénomène onirique, il faut aller au-delà du rêve qui n'est qu'une partie d'un processus beaucoup plus ample. Il ne faut pas isoler le rêve de l'environnement matériel et immatériel dans lequel il se produit. En opérant de la sorte, nous pourrons observer le rôle joué par le corps humain à la jonction du rêve et de la réalité, ce qui permettra de répondre à de nombreuses questions à propos des rêves et de bien d'autres domaines. Commençons donc par observer l'environnement naturel dans lequel se produisent les rêves. Lorsque nous observons la vie terrestre, nous pouvons noter l'existence de deux ordres de réalité: ce que nous appellerons "un monde matériel" ou "monde tangible" et un "monde immatériel" ou "monde intangible". Le monde matériel se compose de tout ce que nous pouvons toucher, voir, bouger, par exemple une fleur, une pierre, une barque et aussi le corps humain. Le monde intangible comprend des choses intangibles que nous ne pouvons ni voir, ni toucher. Il s'agit de "choses immatérielles" comme les idées, les sentiments, les émotions, les parfums et aussi l'esprit humain. Nous pouvons représenter ainsi qu'il suit d'une manière schématique ces premières observations sur le monde dans lequel se produit le rêve (schéma n° 1):

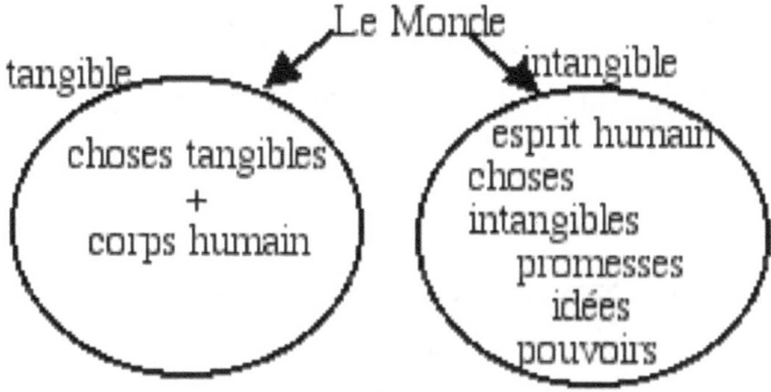

Il vous suffit d'observer un peu plus en profondeur pour vous apercevoir que ce schéma est incorrect. En effet, il présente deux mondes séparés alors que dans la réalité le monde matériel et le monde immatériel sont imbriqués. L'interpénétration de ces deux dimensions a lieu tout particulièrement dans l'être humain. Lorsque Sören Kierkegaard écrivait: "L'homme est une synthèse d'infini et de fini",[8] c'est cette réalité qu'il voulait traduire. La représentation schématique suivante de l'environnement dans lequel se produit le rêve est plus exacte (schéma n° 2):

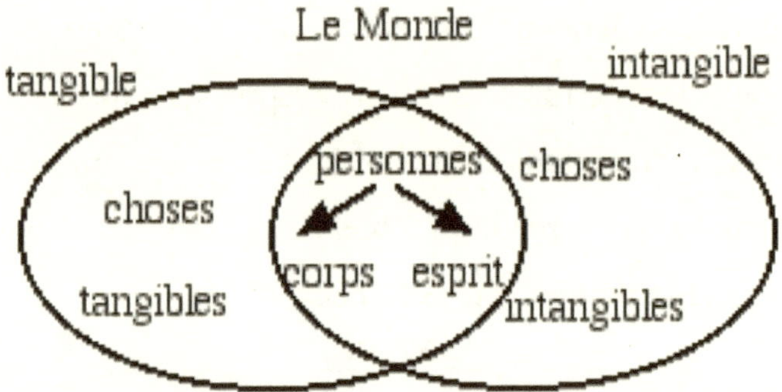

A travers ce schéma, nous pouvons observer qu'avec son corps l'être humain appartient au monde matériel, tandis qu'avec son esprit, ses idées, ses sentiments, ses rêves ou encore ses odeurs il appartient au monde intangible. En d'autres termes, les personnes sont comme un pont jeté entre le visible et l'invisible. Cet aspect de la vie humaine n'avait pas manqué d'échapper au sens de l'observation des sociétés que nous considérons comme primitives et qui en avaient tiré de nombreuses conséquences quant à leur philosophie de la vie. Au contraire, notre civilisation s'intéressant beaucoup plus au monde matériel fait montre d'une grande ignorance et d'un grand mépris relativement à certains aspects du monde intangible. De ce fait, nous ne connaissons presque rien des lois de fonctionnement du monde intangible et nous ignorons une loi fondamentale sur le fonctionnement du monde intangible, à savoir:

Pour agir sur le monde intangible, nous avons toujours besoin d'un instrument tangible et le corps humain est un excellent instrument pour atteindre l'intangible. Par son corps, toute personne est un intermédiaire naturel entre le monde matériel et le monde immatériel. En d'autres termes, il n'est pas possible d'atteindre directement le monde intangible. Nous ne pouvons le faire qu'à travers la matière, par exemple à travers notre corps.

De même, il est impossible d'agir directement sur les idées, elles aussi intangibles. Pourtant, cela ne nous empêche pas de les transmettre par la parole, le papier ou les ordinateurs.

D'une manière générale, nous dénions toute réalité (existence) à toutes les choses intangibles (et aussi à certaines choses tangibles) que nous sommes incapables de percevoir. Si nous étions, par exemple, incapables de percevoir les odeurs celles-ci n'existeraient pas pour nous. Chaque personne vit dans sa propre et unique réalité faite du monde qu'elle perçoit et du monde qu'elle accepte. La réalité acceptée par le monde moderne occidental est très différente de la réalité acceptée par des tribus dites primitives. Pour admettre l'existence de choses que nous ne percevons pas, par exemple l'existence d'un pays lointain, nous devons croire ce que les autres nous racontent à ce sujet. De ce fait, il existe des choses que nous ne percevons pas, mais dont néanmoins nous admettons l'existence réelle. Nous les avons acceptées dans notre propre réalité. Parfois, il peut être très difficile d'expliquer à une personne une chose que nous connaissons bien, mais qui n'existe pas dans son monde. **Nous utilisons alors tout ce qui dans le monde de cette personne peut servir à décrire cette autre réalité.** Parfois, c'est tellement difficile que la personne pense que ce que nous lui racontons n'a aucun sens et que partant de là n'a aucun intérêt. C'est généralement ce qui arrive avec la plupart des rêves. Chaque nuit, les rêves nous transmettent des informations que l'esprit conscient accaparé par son "monde réel" ne perçoit pas ou n'accepte pas, mais qui cependant existent et sont captées en permanence par notre corps à partir de notre environnement immédiat ou lointain. Les rêves permettent d'accéder à une source importante d'informations que l'esprit conscient, dans l'état actuel de développement de notre cerveau n'est pas capable de percevoir. **Le réel potentiel perceptif de l'être humain est ainsi dévoilé par une approche plus globale du processus onirique. Dans cette approche, le rêve apparaît comme étant le résultat d'un processus plus global d'échange.** Le rêve résulte en fait d'une sorte de "respiration" continue entre le monde intérieur et le monde extérieur des personnes. Lorsque nous respirons, nous recevons de l'air, le transformons et le rejetons. De cette manière, nous sommes en échange constant avec le monde aérien intangible à travers nos poumons et aussi à travers toute la surface de notre peau. Cet air contient beaucoup de choses et a de multiples propriétés. Il peut par exemple être chaud et notre peau nous transmet l'information "il fait chaud", ceci pour la réception. En ce qui concerne les facultés d'émission, notre corps émet dans l'air sa propre chaleur, ses odeurs, ses hormones, son énergie, ses émotions, ses ondes électromagnétiques. C'est aussi à travers le corps que sont émises les pensées. Il nous est possible de représenter schématiquement de la manière suivante un être humain entouré de tout ce qu'il émet dans l'atmosphère et qui comprend son champ énergétique (schéma n° 3):

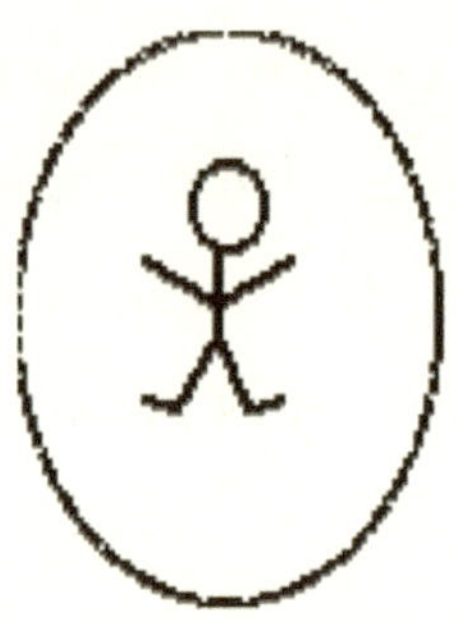

De nombreuses traditions spirituelles ont reconnu depuis longtemps l'existence de ce champ informationnel qu'elles ont appelé "aura".[9] Quant aux courants d'énergie internes, appelés méridiens d'énergie, ils sont connus en Chine depuis des millénaires et l'acupuncture chinoise a pour but de rétablir une bonne circulation énergétique dans le corps.[10] Le monde occidental commence à s'ouvrir à l'énergétique humaine. Depuis 1875, nous savons que le cerveau contient des courants électriques. Depuis 1929, l'invention de l'électroencéphalographe, a permis de mieux observer les émissions électriques du cerveau. Les électroencéphalographes amplifient les signaux électriques captés par des électrodes placées sur le crâne des sujets qui se prêtent à ces tests.[11] En 2005, Jonathan R. Wolpaw a reçu un prix de la Fondation Altran pour son invention d'un dispositif utilisant l'électricité émise par le cerveau pour contrôler à distance un ordinateur.[12] Ce dispositif appelé BCI system (Brain Computer Interface) tire parti de l'invention antérieure de l'électroencéphalographe couplée à des programmes d'ordinateurs sophistiqués pour permettre aux personnes complètement paralysées de pouvoir se servir d'un ordinateur pour écrire des textes et envoyer des courriers électroniques.

Par ailleurs, Semyon Kirlian, un chercheur russe a réussi à mettre au point en 1939 un appareil qui permet de photographier les champs d'énergie des êtres humains et des plantes. D'autres chercheurs avaient entrepris ce même genre de travaux avant lui. Aujourd'hui, la recherche dans ce domaine continue et le matériel nécessaire pour photographier ces champs d'énergie est désormais commercialisé. Le procédé Kirlian a été utilisé pour l'aide au diagnostic médical et aussi en agriculture pour la sélection des plantes.

Il est donc clairement établi que nos corps sont entourés d'émanations invisibles et qu'à leur niveau toutes les cellules de nos corps effectuent des échanges énergétiques.[13] Certaines de ces émanations, par exemple l'électricité émise par le cerveau ont pu être scientifiquement observées, mesurées et même utilisées par des personnes handicapées pour se servir d'un ordinateur.

« Grâce à un casque et à ses capteurs, le système BCI permet de traduire en langage informatique les courants électriques circulants à la surface du crâne, permettant ainsi à l'utilisateur de déplacer un curseur sur un écran d'ordinateur ou de 'dicter' un texte simplement par la pensée. »[14]

Pour parler de ces champs d'énergie qui entourent le corps, nous nous adopterons l'expression "sphère informationnelle". Bien que nous ne soyons pas capables de percevoir consciemment cette *sphère informationnelle*, nous la percevons comme étant l'ambiance d'une personne, l'atmosphère qui émane d'elle, surtout au premier contact. Cette sphère informationnelle contient aussi une multitude d'informations qui proviennent de l'environnement dans lequel le corps est plongé. Ces informations émanent, par exemple, d'autres personnes, de plantes, d'animaux, du Soleil ou de la Terre. C'est toujours à travers le corps que vous agissez dans le monde intangible en tant qu'émetteurs et en tant que récepteurs d'informations. Par exemple lorsque vous parlez, vous émettez une information sonore avec la langue. Vous recevez les informations sonores de l'environnement avec les oreilles (principalement). Dans le cas du son, cette information est claire pour votre esprit conscient qui la reconnaît et de ce fait vous acceptez la réalité du phénomène sonore, pourtant invisible. Il en va de même pour les odeurs dont nous admettons l'existence bien que nous ne puissions les toucher. Nous émettons tous dans notre environnement une variété d'informations telles que: émotions, sentiments, odeurs, bruits, pensées.[15] Il existe une respiration continue entre les informations reçues à travers le corps et les informations émises à travers le corps. Nous échangeons en permanence des informations à divers niveaux.[16] Bien que notre corps soit capable de capter une très grande quantité d'informations, notre esprit conscient opère une sélection drastique des informations reçues.[17] Ce qui nous prive d'une immense richesse informationnelle. Ce rôle de valve de réduction du cerveau a déjà été décelé dans le domaine de l'hypnose médicale et aussi par des scientifiques qui effectuent des recherches sur le fonctionnement du cerveau.[18] Une simple et neutre observation du processus onirique démontre clairement, que les rêves sont directement en prise avec notre vie éveillée. Par exemple, les personnages d'un film que vous avez regardé avant d'aller dormir peuvent apparaître dans vos rêves mélangés avec d'autres éléments. Les préoccupations de la journée et les problèmes à régler apparaissent aussi dans les rêves. L'être humain ne peut survivre sans échange avec son environnement tangible et intangible. **Le rêve, comme la majorité des processus physiques et psychiques, consiste essentiellement en une émission/réception d'informations. Les rêves sont des informations émises par le rêveur à travers son corps, et ils sont en relation avec des informations captées par le rêveur à travers son corps.** Certaines informations que les rêves transmettent à l'esprit conscient sont claires, et de tels rêves n'ont pas besoin d'être interprétés. Cependant, pour les personnes qui ne prêtent pas attention à leurs rêves, la plupart des informations que les rêves transmettent leur apparaissent dénuées de sens, quelquefois farfelues ou grotesques et parfois inquiétantes. Dans le monde occidental, les rêves sont souvent rejetés parce que nous ne parvenons pas à les comprendre et que nous les croyons inutiles. Pourtant, totalement privé de rêves, l'être humain est voué à la mort. Cette fonction que nous croyons inutile est indispensable à la vie. Cela devrait nous faire réfléchir. Notre attitude vis-à-vis du monde onirique constitue l'une des erreurs fondamentales de notre civilisation qui ne sait pas tirer parti du processus onirique pour accélérer son développement dans tous les domaines. Nous nous contentons généralement d'un accès très limité à notre environnement informationnel, pourtant très riche. A travers une approche plus globale du processus onirique, il est possible de comprendre le langage onirique de manière effective et de prendre conscience de la dimension énergétique et informationnelle du monde qui nous entoure et à laquelle les anciens peuples étaient très sensibles. Ceci permet d'accéder à une plus grande quantité d'informations et de dépasser ainsi les limites imposées par notre esprit conscient.[19] Il n'y a pas de séparation entre le monde matériel étudié par la science moderne et le monde immatériel ignoré par cette même science. Le monde matériel et le monde immatériel sont tout spécialement imbriqués dans l'être humain. Les rêves sont un phénomène privilégié pour comprendre à la fois le fonctionnement du monde matériel, du monde immatériel et leur synergie. L'aspect immatériel de la vie humaine comptait tellement pour les anciennes civilisations que faute de pouvoir expérimenter ce que les anciens ressentaient, il est très difficile, voire impossible à l'homme moderne de comprendre pleinement ces anciens peuples. L'étude des connexions entre vos rêves et votre réalité vous ouvrira beaucoup plus que des discours à cette dimension immatérielle, énergétique de la vie que nous ne percevons plus à l'état de veille et que nous ignorons. A un moment de notre évolution, nous avons perdu cette sensibilité au profit de l'activation d'autres facultés de notre cerveau. Pourtant, notre corps, lui n'a pas évolué de ce point de vue là. Il ressent toujours les énergies des planètes, des lieux où vous vous rendez, des objets que vous touchez, des personnes et des animaux qui vous entourent. Et il transmet toutes ces informations à notre cerveau la plupart du temps sous forme de rêves. Le corps a sa propre intelligence et ce qui l'intéresse au plus haut point c'est la préservation de son potentiel d'énergie, de se vitalité. Ainsi, il est courant que des prises d'électricité défectueuses ou bien certains objets électriques de notre monde moderne placé à proximité de la tête du lit perturbent la santé énergétique du corps du dormeur et provoquent d'affreux cauchemars dont il est très facile de se libérer. Si vous observez votre processus onirique en recherchant systématiquement les relations qui existent entre vos rêves et votre réalité, vous découvrirez le monde psychique et énergétique dans lequel baignaient les anciens peuples qui s'intéressaient à l'énergie vitale émanant du soleil et des autres planètes, aux liens psychiques entre les personnes, et à la conservation de la vie. Pour eux les Dieux, n'étaient pas des entités divines au sens des religions modernes mais des sources d'énergies qu'ils pouvaient canaliser et utiliser à leur profit. Christiane Desroches Noblecourt a écrit à propos de la religion égyptienne : « Cette religion n'était pas une mystique, mais bien plutôt une physique... »[20]

Et plus loin, elle écrit :

« Il paraît donc bien désuet de continuer à considérer comme des 'dieux' ces silhouettes humaines souvent complétées par des têtes d'animaux et dont les représentations couvrent les murs des temples. Elles constituent simplement les diverses expressions du divin. Leurs attributs permettaient de distinguer leurs fonctions particulières dans les rouages de la 'machinerie' divine : c'étaient, encore une fois, les énergies à l'oeuvre dans la conservation de l'Univers. »[21]

A travers l'observation simultanée de mes rêves et de ma réalité, j'ai compris que les rêves agissent comme un pont entre l'esprit conscient (que j'appellerai désormais *petite conscience*) et une conscience beaucoup plus vaste (que j'appellerai désormais *grande conscience*). La *grande conscience* dispose d'une quantité beaucoup plus grande d'informations que la *petite conscience.* Elle contient notamment toutes les informations que le corps capte dans le corps lui-même et dans son environnement immédiat ou lointain, mais qui n'affleurent pas à l'esprit conscient. Car nous ne sommes pas encore suffisamment développés pour cela. Voici une représentation schématique de la situation de personnes qui rêvent peu et qui ne prêtent aucune attention à leurs rêves. Ces personnes ne tirent qu'un très maigre parti des informations captées par le corps, reçues par la *grande conscience* et partiellement transférées à la *petite conscience* à travers les rêves (schéma n° 4):

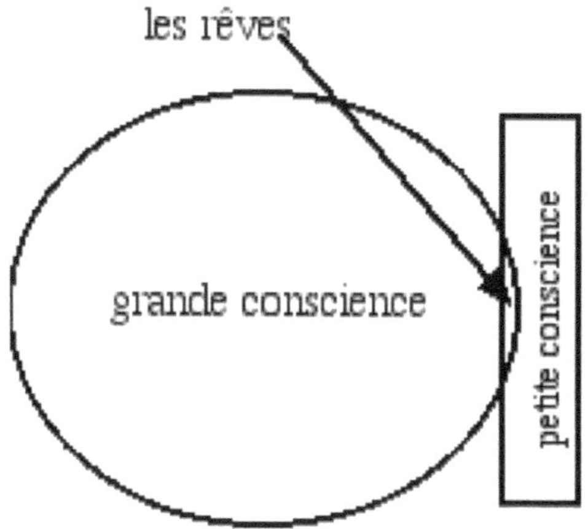

Travailler sur les rêves, en s'attachant à comprendre leur connexion avec la réalité dans laquelle ils se produisent permet de profiter d'un surcroît d'informations. Les personnes ainsi développées, commencent à sortir des étroites limites de leur *petite conscience* et à tirer un meilleur parti de leur environnement informationnel. En d'autres termes, la *petite conscience* s'élargit, tandis qu'avec la compréhension des rêves il est devenu possible de tirer un meilleur parti des informations captées par le corps, non reconnues par la *petite conscience*, mais reçues par la *grande conscience*. Ceci peut être schématisé ainsi qu'il suit (schéma n° 5):

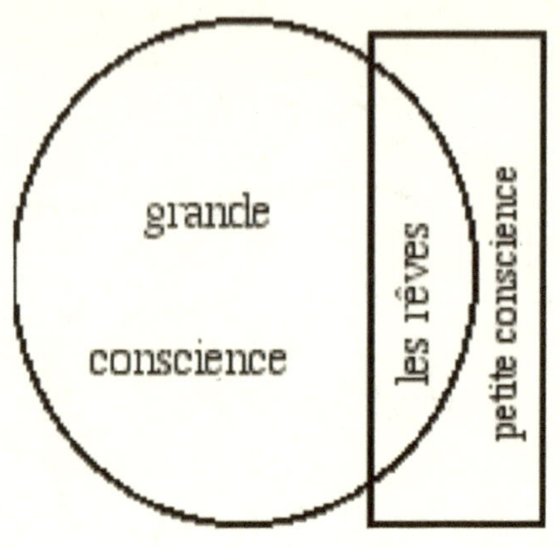

Le travail d'observation sur les connexions entre le rêve et la réalité permet, aux personnes qui le désirent, de se préparer naturellement, sans danger, et à leur propre rythme à un stade de développement beaucoup plus intéressant que ceux précédemment décrits. Lorsque des personnes atteignent ce stade de développement, elles accèdent directement à l'état de veille aux informations reçues par la *grande conscience.* C'est de ce phénomène que résulte ce que nous appelons l'intuition. Elles peuvent le faire naturellement, sans utiliser de techniques spéciales. Nous pouvons schématiquement représenter ainsi de telles personnes (schéma n° 6):

Les personnes parvenues à ce stade ont parfois développé ce que nous considérons comme des facultés extraordinaires, mais qui en réalité sont toutes des potentialités qui seront très banales lorsque l'humanité future dans son ensemble sera plus développée. Des civilisations aujourd'hui disparues les avaient déjà explorées bien avant nous et des traces, plus ou moins déformées des connaissances qu'elles avaient acquises à ce sujet ont traversé le temps à travers les religions, les sciences occultes, les anciens systèmes juridiques et les croyances populaires. Le moyen le plus simple de vérifier vous-même l'existence de ces possibilités c'est d'effectuer un travail d'observation de vos rêves et de votre réalité. Dans le titre qui suit, je vais vous donner toutes les informations nécessaires pour que vous puissiez effectuer efficacement ce travail.

CHAPITRE 2

L'observation des connexions entre les rêves et la réalité, une méthode efficace pour comprendre comment fonctionnent les anciennes strates de notre psyché individuelle et collective

Dans ce chapitre, je vais vous expliquer comment observer efficacement votre processus onirique afin de mieux comprendre comment fonctionne le cerveau dans le domaine de la communication symbolique et aussi afin d'utiliser votre temps de rêve pour développer votre créativité et trouver des réponses aux questions que vous vous posez. En appliquant cette méthode, vous pourrez, pas à pas observer comment fonctionnent votre les anciennes strates de notre inconscient, celles qui nous relient le plus à nos plus lointains ancêtres, jusqu'aux plus primitifs d'entre eux.

1. Comment observer votre processus onirique

Le meilleur moyen d'observer ce qu'est le rêve n'est pas de se focaliser uniquement sur le rêve, mais au contraire d'observer simultanément le rêve et la réalité en prenant des notes et en faisant aussi quelques expériences simples dans la vie réelle pour en observer les retentissements sur le processus onirique. La réalité influence nos rêves[22] et vous découvrirez très vite par vous-même à quel point les rêves modèlent notre réalité, même si nous les avons oubliés. Un échange permanent d'informations s'opère entre nous et le monde qui nous entoure. Nous sommes conscients de certains de ces échanges, mais inconscients de la majeure partie d'entre eux. De nombreuses informations sur le monde immatériel qui nous entoure sont captées par notre corps sans affleurer à l'esprit conscient. Elles sont pourtant stockées dans la *grande conscience* et l'un des moyens d'accès à ces informations est le rêve, à condition d'être capable de décrypter votre propre langage onirique. Certains rêves paraissent, à première vue, dénués de liens avec la réalité et sans importance. Tenir un journal de rêves et de réalité fait peu à peu apparaître les connexions qui existent entre le contenu de nos rêves et notre environnement informationnel. Reconnaître ces liens entre le rêve et la réalité permet une interprétation précise de la majorité des rêves. Comme chaque personne a son propre langage onirique, un travail personnel de décodage s'impose pour pouvoir tirer parti du processus onirique. Il ne faut pas compter pour cela sur les diverses "clefs des songes" anciennes ou modernes qui prétendent apporter une solution "clef en main" à la traduction de votre propre langue onirique. Il vaut mieux écarter ces ouvrages, qui la plupart du temps induisent en erreur et sont chargés d'une quantité de peurs et de superstitions transmises de génération en génération. Chaque personne a son propre code onirique, même si elle peut partager à sa façon et avec ses propres nuances certains grands symboles communs à des groupes de personnes ou à l'humanité entière. Par exemple, pour de nombreux rêveurs, le symbole "maison" représente le corps humain, la "gauche" représente le pôle féminin de la psyché et la "droite" son pôle masculin. Ce qui se présente à l'avant a un rapport avec le futur pour de nombreux rêveurs et ce qui est à l'arrière a un rapport avec le passé. Les routes, autoroutes, chemins de campagne ou de montagne sont autant de représentations de la destinée (et, comme nous le verrons plus loin du cheminement des travaux de recherche). Ces rêves de routes apparaissent à des moments où les rêveurs doivent prendre des décisions importantes pour la suite de leur existence ou pour les travaux qu'ils sont en train de mener. Au début du travail d'observation, il est possible de s'aider utilement de dictionnaires de symboles. Ces ouvrages ne sont pas consacrés aux rêves, ils expliquent seulement ce que certains symboles signifient pour diverses populations et à diverses époques de l'histoire humaine.[23] S'intéresser à la signification des symboles constitue un excellent exercice "d'assouplissement mental". Et c'est essentiellement de souplesse mentale dont nous avons besoin pour comprendre les anciennes civilisations et cette réalité non accessible à notre esprit conscient et dont les rêves nous informent. Au fur et à mesure de mes recherches, je me suis aperçue que le meilleur moyen d'explorer le processus onirique et de mieux connaître le fonctionnement de mon environnement immatériel était de prendre des notes non seulement sur les rêves mais aussi sur la réalité. J'ai donc commencé à tenir un carnet dans lequel j'ai noté mes rêves, les grandes lignes de la réalité et les expériences que j'ai faites. Par exemple à titre d'expérience vous pouvez dormir dans des lieux particuliers, faire une diète, manger trop, voir beaucoup de monde, vous isoler quelques jours sans télévision, radio ou téléphone[24] et continuer à noter vos rêves pour observer les effets de ces expériences sur votre processus onirique. Avec le temps, j'ai appris ce qu'il était important de noter à propos des rêves et de la réalité, et mon expérience pourra vous faire gagner du temps. Ceci étant, chaque personne peut selon les objectifs qu'elle désire atteindre adapter à son propre cas les conseils qui suivent.

2. Comment noter vos rêves

Le souvenir des rêves est beaucoup plus facile juste au réveil, c'est donc le meilleur moment pour les noter. Certains auteurs vont jusqu'à recommander d'avoir près de soi de quoi noter les rêves pendant la nuit. Vous pouvez le faire, mais c'est assez stressant de prêter tant d'attention aux rêves. Si vous voulez faire un travail de longue haleine, alors faites-le de manière détendue, en dormant normalement. Avec la pratique, la mémoire des rêves s'amplifie. Et l'un des meilleurs moyens d'améliorer la mémoire en général, c'est de lui faire confiance. Si vous pensez être incapable de garder le souvenir de vos rêves, ne vous découragez pas. Tout le monde rêve et il est très facile de réactiver votre potentiel de mémoire onirique. Voici les conseils les plus pratiques pour ceux qui ne se souviennent pas de leurs rêves.

Pourquoi est-ce que je ne rêve pas?

Il est scientifiquement admis que tout le monde, sauf atteinte grave à l'intégrité du cerveau, rêve. Le rêve est nécessaire à la bonne santé physique et psychologique. Il est assez facile aux personnes qui pensent qu'elles ne rêvent pas[25] de réactiver la mémoire des rêves. Si vous avez des problèmes pour vous souvenir de vos rêves, à défaut de rêves notez vos impressions le matin au réveil, votre état émotif. Vous sentez-vous triste, joyeux? Notez les pensées qui vous viennent à l'esprit dès que vous avez ouvert les yeux. Bien sûr, si vous vous réveillez avec un radio-réveil qui hurle “bonjour Simone” alors que ce n'est pas votre prénom, votre cerveau sera immédiatement occupé à réfléchir à ce changement inattendu d'identité. De même, si à peine réveillé vous précipitez mentalement ou physiquement sur les activités de la journée, vous aurez bien peu de chances de récupérer quelques bribes de rêves. Normalement, il suffit de s'intéresser aux rêves pour mieux s'en souvenir. La mémoire des rêves s'améliore très rapidement lorsqu'elle est sollicitée et j'ai remarqué aussi que simultanément c'est la mémoire des événements de la journée qui se trouve aussi améliorée. A l'inverse, si vous améliorez votre mémoire dans la réalité, cela ne peut que rejaillir aussi sur la mémoire des rêves. Si vraiment, vous ne parvenez pas par un moyen ou un autre à vous souvenir de vos rêves, vous pouvez penser à utiliser l'effet d'entraînement qui émane d'autres personnes qui rêvent beaucoup et se souviennent de leurs rêves. Passer du temps auprès de telles personnes relancera votre propre "mécanique onirique". Faites-en l'expérience, nous nous communiquons beaucoup plus de choses que ce que nous pouvons imaginer. Avant de demander une aide extérieure, vérifiez que vous dormez suffisamment. En effet, si vous êtes trop fatigué et ne dormez que le strict temps nécessaire à votre récupération physique, vous aurez peu de chances d'avoir une bonne mémoire de vos rêves. Si tel est votre cas, essayez d'allonger votre temps de sommeil. Avant de vous endormir, vous pouvez aussi vous demander à vous-même de rêver et de vous souvenir de vos rêves. Cela fonctionne très bien. Vous pouvez aussi manger plus légèrement le soir ou essayer de changer de chambre. Vous trouverez des conseils supplémentaires dans mon livre *L'Intelligence des Rêves*[26] et aussi des conseils concernant le problème des cauchemars.

L'attitude fondamentale à adopter au début de vos expériences c'est de ne pas chercher à tout comprendre d'emblée. Il faut simplement tout noter et surtout éviter de vous lancer dans des analyses compliquées des messages des rêves. Avec le temps vous serez capables de comprendre de manière précise et rationnelle vos propres symboles oniriques. Vous vous apercevrez aussi que certains rêves sont très clairs et n'ont pas besoin d'interprétation de type psychanalytique ou autre. Il est aussi nécessaire d'avoir le courage de tout noter, en d'autres termes d'être sincère avec soi-même et de noter même ce qui à première vue nous semble négatif. Il faut faire preuve dans le travail sur les rêves d'une grande tolérance et de neutralité. Il convient de noter tout ce qui nous reste en mémoire concernant le rêve et surtout il faut noter tout ce qui nous dérange, nous incommode, nous fait peur, nous fait honte ou encore choque notre pudeur. **Tous les rêves doivent être notés sans sélectionner ceux qui nous paraissent importants.** Par exemple un rêve très court et très simple tel que: “J’ai rêvé qu’on soldait des chaussures de luxe chez le boulanger” contient des informations très utiles. N’ayez pas peur de noter les rêves ayant pour thème la mort. Vous verrez que la plupart du temps ils annoncent seulement un grand changement. Ils peuvent donc être très utiles pour vous guider dans vos travaux de recherches. Quant à notre propre mort, pourquoi craindre les rêves qui l’annoncent réellement? Ne vaut-il pas mieux au contraire y prêter une grande attention, d’autant plus qu’ils constituent parfois des avertissements qui peuvent nous sauver la vie? Les livres sur les rêves citent de nombreux cas de rêves qui annoncent la mort. Il semble que les rêves nous préparent toujours à cet important événement.[27] Logiquement, vers la fin de notre vie le corps doit transmettre des informations à notre cerveau sur le fait qu’il est en train de mourir. Ce qui doit donner lieu à des thèmes de rêves spécifiques. Après avoir évoqué le grave sujet de la mort, parlons donc de la vie. Dans le monde onirique, donner naissance ou être enceint(e) n’est plus le privilège des femmes, cela arrive aussi aux hommes et se rapporte à des créations. Ce type de rêve (et tous les rêves qui se rapportent à la naissance de la vie sous toutes ses formes) est donc très important pour les chercheurs car ils indiquent la réussite d'un projet, la concrétisation d'une idée. Quant aux rêves ayant un contenu sexuel, ils peuvent très bien transmettre un message non sexuel et il ne faut pas hésiter à les noter dans les détails. S'il vous arrive de rêver que vous avez des rapports sexuels avec une personne de votre équipe, et que vous constatez avec vos notes que le jour avant ou après le rêve vous avez rencontré cette personne et intensément échangé des idées, cela signifie que votre rêve vous montre simplement à quel point vous avez bien communiqué avec cette personne pendant votre rencontre, vous avez de ce fait échangé beaucoup d'énergie. Prenons un autre exemple : rêver d'un rapport sexuel interrompu brusquement peut ne pas signifier que cela arrivera dans la réalité, mais représente une rupture brusque, inattendue et désagréable avec une personne de votre entourage. Quant aux bananes, portes, escaliers, oiseaux et autres symboles perçus par Freud comme des symboles sexuels, il convient de se mettre à jour. Les moeurs sont beaucoup plus libres qu'à l'époque de Freud et les rêves et la réalité ont en conséquence beaucoup changé. Vous verrez à travers votre travail sur les rêves et la réalité que votre corps a ses propres « rêves » qu'il utilise pour satisfaire ses besoins et aussi pour informer le cerveau de tout ce qui ne va pas bien dans le corps. Les informations sur des problèmes de santé sont envoyées au cerveau à travers les rêves bien longtemps avant que ces problèmes se manifestent par des désagréments dans la réalité. D'une manière générale, nous devons noter les rêves tels qu'ils se présentent, décrire les personnages et le décor d'une manière aussi détaillée et précise que possible. Par exemple, si vous rêvez d'un chat, il faudra noter sa couleur, sa taille, sa position dans l'espace et par rapport à vous ou aux personnages du rêve (à gauche, à droite, derrière) et tout ce que vous percevez à propos de ce chat. Notez aussi l'aspect de son pelage et de ses yeux. Les yeux sont-ils identiques? Le chat est-il mâle ou femelle? L'expérience m'a appris que dans mon langage onirique les images de chats me communiquent l'information énergétique à propos de personnes de mon entourage. Par exemple, si je rêve d'un chat au pelage très abîmé après avoir passé du temps dans la réalité au contact d'une personne, ce rêve me dévoile que cette personne (qui dans la réalité peut avoir une belle apparence) a en fait très peu d'énergie et de graves problèmes de santé déjà manifestés ou qui vont bientôt se manifester. Les chats au pelage somptueux et au regard pétillant m'indiquent tout le contraire. Les rêves, contrairement à l'esprit conscient nous permettent de dépasser les apparences parfois trompeuses et d'avoir accès à la vérité. Il est très important de noter tous vos sentiments, même s'ils paraissent être sans rapport avec le thème du rêve. Vous pouvez dans un rêve vous amuser beaucoup de quelque chose qui serait horrible dans la réalité et au contraire, vous pouvez éprouver une grande peine pour quelque chose qui dans la réalité serait drôle ou insignifiant. Il faut noter tous les sentiments qui vous traversent au cours d'un rêve: joie, colère, peine, amour, haine, peur, angoisse, paix, tristesse, etc... Il faut aussi noter les sensations physiques comme le froid, la chaleur, la paralysie, la légèreté, la rapidité, la lenteur. Si vous entendez de la musique décrivez-la, notez les paroles des chansons, des contes et des personnages. Dans les rêves il y a beaucoup plus d'êtres qui communiquent que dans notre réalité. En rêve, les pierres, les arbres, les plantes et les animaux de la maison sont capables de parler parfaitement notre langue et même des langues étrangères que parfois nous ne comprenons pas dans la réalité, mais que nous pouvons intuitivement comprendre dans le rêve.

J'ai observé au cours de mes recherches que lorsque dans un rêve les mêmes paroles, phrases ou images se répètent plusieurs fois, ceci se réfère à d'importantes informations pour moi. Quelquefois, il m'arrive de rêver de mots étrangers dont je ne connais pas la signification et cela m'amuse beaucoup à mon réveil d'aller en rechercher le sens dans des dictionnaires. Il m'est arrivé lorsque je vivais à New York, dans la Little Italy, déjà devenue très chinoise, de rêver en partie en chinois, alors que je ne pratique pas cette langue. Je captais tout simplement en dormant le bain informationnel des lieux. Il y aurait dans ce registre beaucoup à découvrir pour mieux comprendre le phénomène d'apprentissage des langues et d'adaptation à un nouveau milieu. Pour revenir au travail sur les rêves, il est important de prendre note de votre position dans l'espace lorsque vous apparaissez dans un rêve. Êtes-vous au centre de la scène, à gauche, à droite, en face ou derrière quelqu'un, dans les airs ou sur le sol, ou encore sous la terre? Nous devons noter tout ce que nous pouvons observer: les vêtements et leurs couleurs par exemple sont une source appréciable d'informations utiles. Il faut aussi noter tout ce que nous pouvons sentir, par exemple une douleur dentaire, un mal de pieds, de la légèreté dans les déplacements ou de la difficulté à se déplacer, parfois parce que nous sommes trop chargés. Par exemple, un chercheur qui rêve qu'il est alourdi par beaucoup de bagages qu'il a du mal à transporter, ferait bien de clarifier ses pensées et de mieux définir ses objectifs. Faute de quoi, ses travaux ne mèneront à aucun résultat. Il est important de noter tout ce que nous transportons avec le maximum de détails. S'il s'agit d'une valise, quelle est sa forme, sa couleur, son poids, est-elle facile à porter, a-t-elle des roulettes, des ailes? Vous plaît-elle? Il y a peut-être quelqu'un qui vous aide à la porter, ou bien avez vous décidé de l'abandonner, car il n'y a rien d'important à l'intérieur? Avec quelle main portez-vous votre valise, la gauche? la droite? La poussez-vous devant vous ou la traînez-vous péniblement derrière vous? Ou bien vous suit-elle toute seule dans l'air ou comme un chien sans laisse? Une grande précision dans la description est utile surtout au début du travail d'observation. Si vous rêvez d'une maison, il ne faudra pas hésiter à noter tous les détails de cette maison, même si cela peut vous paraître long. Décrivez toutes les pièces que vous visitez et surtout les endroits très intéressants comme le grenier ou le sous-sol ou encore la cuisine. Mais tout est intéressant dans les maisons des rêves et surtout tout est très instructif. A travers mon expérience personnelle, j'ai pu noter que les maisons de mes rêves, quand elles ne sont pas des maisons réelles que je "visite" en état de rêve, me transmettent des informations précises sur ma santé bonne ou mauvaise. Et j'ai pu constater, comme d'autres l'avaient déjà fait dans l'Antiquité,[28] que les désordres physiques apparaissent dans les rêves bien avant leur manifestation dans la réalité. D'où l'intérêt de connaître la signification des rêves pour prévenir des désordres physiques lorsqu'il en est encore temps. J'ai observé par exemple que le thème des fuites d'eau dans les rêves correspond à une baisse d'énergie chez les rêveurs. Les greniers et plafonds sont des représentations imagées de ce qui se passe dans notre cerveau. Par exemple, le désordre dans un grenier onirique peut montrer à un chercheur que ses idées actuelles ou la façon d'aborder ses recherches est confuse et qu'une clarification serait nécessaire pour aboutir à une recherche plus fructueuse. Quant aux caves, sous-sols et grottes, elles correspondent bien souvent à l'hérédité tant physique que psychique des rêveurs. De ce fait même, elles sont très intéressantes pour les chercheurs car ces rêves permettent d'accéder directement ou intuitivement à des informations précieuses sur le passé. C'est un endroit que j'aime beaucoup fréquenter en rêve et où j'ai puisé beaucoup d'idées pour mes travaux de recherches sur l'ancien droit romain et sur la justice de l'ancienne Egypte. C'est très surprenant de voir tout ce que nous pouvons apprendre sur le fonctionnement du corps, de l'esprit et sur la nature à travers l'observation simultanée des rêves et de la réalité. Notre *grande conscience* est beaucoup plus intimement liée à la nature que notre esprit conscient. Pour communiquer avec l'esprit conscient, elle utilise donc très souvent des images de phénomènes naturels. (C'est aussi ce mode de communication qu'on privilégié les anciens peuples). En d'autres termes, la *grande conscience* va utiliser des images qui mettent en scène des phénomènes naturels comme la croissance, la putréfaction, la germination, la naissance, les tremblements de terre et les ouragans pour faire passer des informations à l'esprit conscient etc... Par exemple, si vous faites des recherches depuis un certain temps et que vous êtes découragés parce qu'il vous semble que rien n'avance, un rêve dans lequel un grand vent vous pousse annonce à coup sûr une accélération de vos recherches en cours, des choses qui vont bouger plus vite, comme poussées par le vent, la fin de la stagnation de vos travaux. La nature est omniprésente dans les rêves et même dans ceux des citadins. Elle fait partie des symboles que toute l'humanité partage avec quelques nuances. La nature apparaît à travers les étoiles, la Lune, le Soleil, la mer, la lumière, l'ombre, l'obscurité, le vent, le froid et la chaleur et surtout l'eau. L'eau transformée en glace dans vos rêves peut vous apporter beaucoup d'informations utiles. Si par exemple vous pensez collaborer avec un autre chercheur pour des travaux en cours et que malgré l'acceptation de cette personne de mettre en commun les résultats acquis, vous rêvez que cette personne est entourée de glace. Alors, il ne faudra pas compter sur elle pour le partage. Le froid, la neige et la glace dans les rêves sont souvent des symboles de difficultés de survie, de diminution des forces de vie et d'égoïsme (bien que leur symbolisme puisse être très différent pour des gens qui vivent dans des régions comme le pôle Nord). Vous verrez à travers votre travail ce que l'eau sous ses différentes formes symbolise exactement pour vous. L'apparence de l'eau dans les rêves peut aussi vous apporter des informations concernant les personnes qui vous entourent (et aussi vous-même) et nous en reparlerons plus loin. La nature est aussi présente dans de nombreux rêves sous forme de plantes qui dans bien des cas représentent assez curieusement des personnes et leur caractère. Par exemple, il y a des plantes qui poussent très vite et qui envahissent tout l'espace disponible dans une pièce de votre maison. Certaines plantes qui ont de grandes racines, apparentes, car elles n'ont pas de terre peuvent représenter des personnes immigrées de votre entourage. Il y a aussi des plantes fanées, des plantes fleuries ou des plantes qui portent des fruits. Certaines plantes vous réclament parfois de l'eau, ou de l'espace pour grandir, tandis que d'autres trouvent que vous les arrosez trop et que d'autres encore préféreraient de l'eau de source. Tout comme dans le monde réel, l'eau est un des éléments les plus importants du monde onirique. L'eau sous diverses formes est présente dans de nombreux rêves. Il est très utile de connaître la signification des différentes sortes d'eaux qui apparaissent dans vos rêves: le verre d'eau, la bouteille, le bain, la douche, la rivière, le lac, la mer, le puits, la pluie, la piscine, la flaque d'eau. L'observation simultanée de vos rêves et de votre réalité est très utile pour savoir à quoi correspondent dans la réalité les diverses eaux qui apparaissent dans vos rêves car cela vous servira pour accéder à des idées nouvelles. Par exemple, en observant mes rêves et ma réalité, j'ai observé que la mer, par son immensité, représente les possibilités informationnelles illimitées de ma *grande conscience* et de la conscience collective de l'humanité, tandis que les piscines se rapportent à la *petite conscience* avec toutes ses limites. Symboliquement, si vos rêves vous mènent à la mer, vous aurez bien plus de chances de faire des découvertes importantes dans votre discipline qu'avec des rêves de piscines où vous trouverez certainement des pistes qui ont déjà été largement exploitées par d'autres. Pour trouver des pistes nouvelles et des sites archéologiques, suivez donc la route que bien souvent vous montrent les rêves. Notre corps est un instrument de détection beaucoup plus efficace que les technologies de résonance magnétique nucléaire qui ont été utilisées avec tant de succès par Franck Goddio et son équipe et qui supposaient d'avoir déjà repéré le site de recherche grâce à des témoignages historiques. Il est très intéressant d'entendre Franck Goddio parler de la technologie qu'il a utilisée pour fouiller le site de la baie d'Aboukir.

« Si vous plongez dans le port sans en avoir une connaissance préalable, vous ne trouverez rien. Il n'y a rien à voir ! Il faut faire une prospection électronique très sophistiquée et rassembler des données très complexes pour savoir l'endroit où il faut fouiller ». (extrait du DVD Trésors Engloutis d'Egypte, Franck Goddio, Naïve Vision)

Notre corps capte de façon beaucoup plus sophistiquée que tout appareillage connu les vibrations émises par des objets. Pour cela il faut savoir utiliser notre corps et développer nos facultés de perception consciente. L'avantage que présente le développement de nos capacités naturelles de détection sur les capacités des technologies, c'est que notre *grande conscience* n'a pas besoin d'informations historiques pour se guider vers des sites archéologiques qui l'intéressent. Elle s'y dirige d'après les lois d'affinité, en d'autres termes de « résonance » entre le chercheur et l'objet de ses recherches. Il est vrai qu'en attendant que les équipes veuillent bien développer leur potentiel naturel de détection, nous pouvons dire merci à la technologie. Les technologies de détection que nous utilisons faute de mieux sont des béquilles comparées aux possibilités naturelles de notre corps. Heureusement, il a toujours existé des archéologues intuitifs qui faute de se souvenir de leurs rêves ont suivi leur intuition et découvert « par hasard » de grands sites archéologiques. Mais lorsque vous commencerez votre exploration des connexions entre vos rêves et vos réalités, vous constaterez qu'en l'occurrence il n'y a pas de hasard. La réalité est tout autre : le corps a capté des informations et il les a transmises au cerveau conscient sous forme d'intuition, d'attirance, d'impulsion. Un très bel exemple de ce phénomène est enregistré sur le DVD de l'exposition : Trésors Engloutis d'Egypte, par Franck Goddio. On peut y entendre le dialogue suivant entre Franck Goddio et le plongeur Jean-Claude Roubaut au moment où ce dernier vient de remonter sur le bateau.

« Franck Goddio : T'as vu quelque chose ?
Jean-Claude Roubaut : « C'est difficile à dire... mais il y a un ressenti (dit-il en se touchant le bout du nez de l'index comme pour signifier le flair). Il y a un ressenti de quelque chose... je pense l'avoir... peut-être que ce n'est pas vrai ? Mais à des moments je me dis 'Ah, c'est bizarre, l'endroit me plaît, l'endroit me plaît' et puis, automatiquement, je trouve quelque chose ! »

C'est souvent par des émotions de ce genre : attraction, répulsion, que le conscient et l'inconscient coopèrent à l'état de veille. Cet homme utilise visiblement les informations de son inconscient pour ses plongées archéologiques. S'il utilisait en plus la méthode de ce livre, il n'aurait aucun mal à démultiplier ses facultés de communication avec son inconscient et à profiter ainsi beaucoup mieux des informations captées par son corps pour trouver la bonne route dans les sites archéologiques. Je ferme ici cette parenthèse pour revenir à l'étude des rêves et au thème des « routes » oniriques. Dans nos sociétés, où l'instabilité est le lot de nombreuses personnes aussi bien professionnellement qu'affectivement, les rêves de "routes" sont nombreux. La "route" des rêves peut être un chemin dans une belle nature verte ou dans un désert aride, une autoroute bondée, ou parfois une piste de ski. Nous pouvons hésiter à un carrefour ou tourner sans fin à un rond-point. Parfois, nous savons où nous allons, parfois c'est l'obscurité totale et heureusement quelqu'un qui passe par là vient nous éclairer avec sa lanterne. Les rêves de "routes"[29] nous donnent, pour peu que nous sachions leur prêter attention et les comprendre, des informations sur notre destinée. Ils sont aussi très importants pour les chercheurs, car ils leur indiquent clairement s'ils sont sur la bonne route, s'il y a d'autres personnes sur cette même route et leur position par rapport à eux-mêmes. Les rêves de routes montrent clairement si la voie suivie est une impasse ou si quelqu'un vous a déjà largement devancé. Les rêves de routes montrent souvent aux chercheurs quelle serait la voie à suivre pour trouver ce qu'ils cherchent. Parfois même ils leur montrent ce qu'ils ne cherchent pas encore ! Mais ceux-ci, non informés de leur importance, les ignorent et continuent de chercher à l'aveuglette. Voici un très bel exemple de rêve fait par une personne dont les recherches ont été couronnées de succès:

« Je rêve que je roule sur une route où circulent des voitures, des camions, des autobus. Je suis la seule personne à vélo, mais je dépasse tout le monde. Je roule tantôt à droite, tantôt à gauche, tantôt au milieu de la route. Ma trajectoire n'est pas rectiligne et je la vois du ciel, symbolisée par un fin fil de cuivre qui s'étend au fur et à mesure de ma progression. Soudain je me transforme en un grand avion et je décolle. J'entends les autres penser: « Il a pris la route pour une piste de décollage ».

Les informations sur le chemin à suivre pour des travaux scientifiques ou dans la vie peuvent aussi être transmises par d'autres genres de rêves, à titre d'exemple voici le rêve de Descartes qui bien que très rationnel était inspiré par son monde onirique. Ce rêve a été fait à l'époque où il écrivait le “Discours de la méthode”. Voici donc un extrait de ses songes du 10 novembre 1619 relatés par Baillet.[30]

“Un moment après, il eut un troisième songe... il trouva un livre sur sa table, sans savoir qui l’y avait mis. Il l’ouvrit et voyant que c’était un Dictionnaire, il en fut ravi dans l’espérance qu’il pourrait lui être fort utile. Dans le même instant, il se rencontra un autre livre sous sa main, qui ne lui était pas moins nouveau, ne sachant d’où il lui était venu. Il trouva que c’était un recueil des Poésies de différents auteurs, intitulé Corpus Poëtarum etc. Il eut la curiosité d’y vouloir lire quelque chose: et à l’ouverture du livre, il tomba sur le vers Quod Vitae sectabor iter? (= quelle voie suivrai-je en la vie?). (la suite des songes lui donne quelques orientations, elle lui montre notamment un déséquilibre corporel).”

Pour tirer pleinement parti des informations qui transparaissent à travers les rêves de routes, il est important de tout décrire dans vos notes. Si vous conduisez une voiture par exemple, il faut noter sa couleur, si le volant est à droite ou à gauche, et qui conduit, de quelle façon, pendant le jour ou pendant la nuit, avec ou sans lumière, facilement ou non, quelles sont vos sensations corporelles, vos émotions. Ce genre de rêve est très important pour les chercheurs et ils devraient apprendre à s’en servir pour gagner beaucoup de temps et éviter de suivre pendant des années des pistes inutiles. De plus, il s'agit des rêves les plus faciles à comprendre.

En résumé, il est essentiel de noter tout ce que nous pouvons à propos des rêves et de noter tous les rêves sans sélectionner ceux qui méritent ou non d'être notés. Au début, il vaut mieux observer simplement ce qui se passe sans chercher à comprendre d'emblée les rêves. Après un certain temps, il vous sera très facile de savoir précisément à quoi correspondent vos symboles oniriques personnels. De plus, le plus important n'est pas de comprendre les rêves mais de permettre à travers l'étude du rêve et de la réalité une meilleure communication entre la *grande conscience* et l'esprit conscient. Quant à la **"traduction" de vos symboles oniriques, si celle-ci vous intéresse, elle pourra être réalisée avec beaucoup plus de facilité après un certain temps parce que vous verrez qu'au cours du temps, les mêmes symboles oniriques apparaissent en simultanéité avec une même situation réelle.**[31] Cette simultanéité répétée permet de décrypter de manière précise l'information onirique. Par exemple, si chaque fois que vous rencontrez un juriste vous rêvez juste avant ou après la rencontre que vous allez rencontrer un mathématicien, alors vous saurez que dans votre inconscient les mathématiques sont le symbole du droit. Au début de mes recherches, j'ai lu tout ce qui était disponible sur les recherches sur les rêves. Ce qui m'avait conduite à faire l'erreur de m'inspirer des idées de Jung ou de Freud et d'autres spécialistes pour interpréter tous mes rêves. Avec le temps, j'ai pu me rendre compte qu'elles me conduisaient à d'importantes erreurs d'interprétation et m'empêchaient de tirer parti des informations oniriques. J'ai ensuite constaté que le sens de la plupart de mes rêves apparaissait beaucoup plus clairement et naturellement à travers l'observation simultanée de mes rêves et de ma réalité, sur une période de temps assez longue. En d'autres termes, avec le recul du temps on voit que le même type de rêves ou de symboles oniriques apparaît en simultanéité avec un même type de situation dans la vie réelle. Ceci dit, l'apport des psychanalystes s'avère parfois utile pour décoder certains rêves. Et j'ai naturellement recours à leurs méthodes pour un petit nombre de mes rêves de type "psychologique" qu'avec l'expérience j'ai appris à différencier des autres rêves. Nous avons tous une psyché et aucune n'est en parfaite et constante santé, cela fait partie de la vie. Les rêves nous donnent l'occasion d'en prendre conscience. Ils nous aident à nous libérer des blocages énergétiques que les problèmes psychologiques induisent et à nous sentir mieux. J'ai observé que les rêves psychologiques les plus importants apparaissent quand nous avons de l'énergie pour les affronter et que nous sommes disponibles pour cela. Ils apparaissent particulièrement lorsque nous nous retirons dans la solitude. Dans ce cas, il n'est même pas nécessaire qu'un événement extérieur vienne les activer. Il semble que l'énergie non projetée vers la vie extérieure soit alors utilisée pour intensifier la vie intérieure et provoquer des guérisons de problèmes psychologiques ou d'importantes prises de conscience et aussi les idées nouvelles. Moins vous aurez de conflits psychologiques, plus votre espace onirique sera disponible pour d'autres contenus et pour vos recherches. Maintenant que je connais bien mon terrain, je sais distinguer parmi mes rêves, ceux de type psychologique, que les acquis psychanalytiques peuvent m'aider à comprendre. Tandis que tous les autres rêves s'expliquent beaucoup plus facilement à travers l'observation simultanée du rêve et de la réalité. S'il est vrai qu'il faut de la patience et du temps pour parvenir à ce résultat, cela en vaut la peine et le temps investi sera largement compensé par le temps que les rêves vous feront gagner par la suite dans votre travail. Voyons à présent comment noter la réalité.

3. Comment prendre des notes sur la réalité et sur l'environnement dans lequel vous vivez

Pour noter la réalité, il n'est pas nécessaire d'être aussi précis que pour la notation de rêves. Il suffit de mentionner les grandes lignes des principaux événements du jour. Certaines observations sont importantes pour comprendre comment l'information est captée dans notre environnement. Il est, par exemple, important de noter les lieux où nous sommes allés, de noter les endroits où nous avons dormi, et surtout les personnes que nous avons rencontrées. Il suffit de résumer en ce qui concerne les personnes l'essentiel de la communication et les circonstances de la rencontre (travail, rendez-vous, rencontre fortuite). Il est aussi important de noter nos sentiments (joie, tristesse, neutralité...), nos sensations (bien-être, fatigue, nervosité, angoisse) et le lieu où nous avons rencontré les personnes. Les lieux sont des éléments très importants à consigner dans la mesure où chaque lieu est chargé d'informations intangibles que le corps capte.[32]

Le corps capte aussi toutes les informations intangibles qui émanent d'une personne ou d'un groupe de personnes, et aussi des objets. Cet aspect est très important dans le domaine de l'archéologie. Avant de procéder à la restauration des objets anciens retrouvés au cours des fouilles, les archéologues feraient bien de dormir à leur proximité alors qu'ils sont encore fortement chargés du bain informationnel duquel il viennent d'être extraits. De la sorte, ils se donneraient plus de possibilité de capter de manière inconsciente des informations sur les personnes qui ont autrefois manipulé et fabriqué ces objets. Une fois restaurés, touchés par de nombreuses personnes et regardés par les foules de curieux dans les musées, ces objets perdent une grande part de leur charge informationnelle d'origine et se chargent de nouvelles informations : celles du monde moderne. J'ai constaté que l'eau élimine très fortement les informations. Aussi, j'attendais avec impatience d'aller voir l'exposition de Franck Goddio sur les Trésors engloutis d'Egypte, pour expérimenter ce que mon corps capterait dans le cas de vestiges restés si longtemps dans l'eau. Je m'empressais d'aller poser les mains sur le naos[33] qui était exposé car nos mains sont de puissantes antennes pour capter les informations. Je ne fis qu'un seul rêve très fort la nuit suivante : il s'agissait de l'accouplement d'un taureau brun et d'une vache blanche dans une pelouse très verte devant un bâtiment qui semblait être leur habitation, nous dirions leur étable. Ces animaux étaient énergétiquement impressionnants et de taille immense. Cette charge énergétique avait dû être extrêmement puissante pour avoir perduré malgré le long séjour sous l'eau de ces vestiges et les restaurations archéologiques. Alors que l'homme moderne croit ne regarder que des pierres, des pièces de monnaie, des bijoux, et des statues lorsqu'il visite les musées, son corps « voit » toutes les charges informationnelles et énergétiques de ces pierres. Il enregistre leur histoire. Et pour notre grande conscience, c'est cette expérience là qui compte le plus et dont elle essaie de nous informer à travers nos rêves que nous n'écoutons plus. Voilà ce que nous pouvons lire dans les textes d'Eunape, à propos de la destruction des sanctuaires de Canope par les chrétiens: « Ces gens-là déployèrent ensemble, pour attaquer nos sanctuaires, comme s'ils avaient eu affaire à des pierres, une ardeur de carriers.... [34]

Les temples et les statues de l'ancienne Egypte étaient

beaucoup plus que des objets. Ils étaient fortement chargés d'informations grâce à des techniques que nous ignorons. A titre d'expérience, il est facile de percevoir la charge informationnelle des lieux que nous appelons communément: ambiance. Par exemple, chacun a pu ressentir la différence entre l'ambiance d'une église, d'un bar, d'une bibliothèque, d'une forêt, ou d'une plage. Il est aussi facile de percevoir la différence d'ambiance entre notre propre habitation et celle d'autres personnes. Il s'agit d'une ambiance informationnelle et non de la décoration, il s'agit en sorte de capter la différente énergie des lieux. Il existe des personnes qui, consciemment, ne perçoivent que très peu ces différences d'ambiances et d'autres qui y sont très sensibles. Mais, même lorsqu'une personne ne perçoit pas consciemment beaucoup d'informations sur l'atmosphère des lieux ou des objets, cela n'empêche pas son corps de tout percevoir et son esprit conscient de pouvoir accéder par le rêve à une partie des informations captées par son corps. Les personnes qui dans la réalité sont imperméables à ce type de perception informationnelle peuvent compenser leurs lacunes en matière de perception consciente en tirant parti de leurs rêves. Pour faire un travail utile sur les rêves, il faut noter tous les grands événements qui surviennent, les activités quotidiennes, les voyages, les fêtes, les déménagements, les grandes décisions et les grandes prises de conscience. Pour ceux qui effectuent un travail créatif ou des recherches scientifiques, il est intéressant de noter les étapes de réalisation de ce travail et la façon dont cette création est vécue (par exemple, les jours de bonheur et les jours d'hésitation, les jours avec ou sans inspiration). Si vous voulez utiliser vos rêves pour améliorer votre santé (physique et psychologique) ou pour prévenir ou découvrir des risques,[35] il est important de noter tous les désordres qui surviennent même les petits désordres. Pour la santé physique, notez par exemple: une gêne articulaire, un rhume, une grippe, des tensions musculaires, une bonne, mauvaise ou moyenne forme physique et si vous êtes sportif notez comment se passent vos entraînements. Pour la santé psychologique notez quels sont l'état de votre moral et de votre humeur au lever et au cours de la journée. Toutes ces notations sont très utiles, elles demandent un certain temps et beaucoup de patience dans les débuts, mais les résultats en valent la peine. Grâce à ce travail préalable, vous pourrez en effet utiliser une technique puissante pour obtenir des réponses aux questions que vous vous posez. Avant de vous faire part de cette technique, je vais vous présenter quelques-uns des nombreux résultats qu'on obtient en observant les rêves et la réalité pendant un certain temps, environ une année pour les personnes qui n'avaient au départ aucune intuition dans la vie éveillée, ni aucun souvenir de leurs rêves.

CHAPITRE 3

Le monde que vous découvrirez à travers l'observation simultanée des rêves et de la réalité vous fera mieux comprendre l'univers psychique des anciens

Comme il y a déjà très longtemps que j'explore ce champ de connaissance, j'ai fait beaucoup d'expériences et de découvertes dans de nombreux domaines. Je ne communiquerai ici que celles qui pourront vous être utiles. Les personnes qui souhaitent approfondir le sujet à d'autres fins peuvent se reporter à mon ouvrage *l'Intelligence des Rêves.*[36] Chacun fera ses propres découvertes selon ses centres d'intérêt. En tant que juriste, je me suis particulièrement intéressée aux liens invisibles que tissent les personnes, à l'énergie qui émane des groupes, et à la façon dont s'opèrent les échanges énergétiques. Pour le monde moderne, je suis une juriste tout à fait inhabituelle. Pourtant, dans les civilisations anciennes la justice ne se limitait pas à la connaissance et à l'application du droit. J'ai cherché à travers l'observation du processus onirique à mieux comprendre ce qui se passe sur le plan intangible entre les personnes. Ceci intéressait au plus haut point les premiers "juristes" des civilisations anciennes tels les Romains sur le savoir desquels nous avons bâti la plupart des systèmes juridiques modernes. Voici quelques-uns des résultats qu'il est possible à tous (même aux personnes les moins intuitives et les moins sensibles à leur environnement) d'observer après environ une année d'étude des connexions entre le rêve et la réalité.

1. Mise en lumière d'un réseau d'échanges intangibles entre les personnes

Le travail d'observation des interactions et des connexions entre le rêve et la réalité fait très vite apparaître qu'il existe une sorte d'Internet intangible et psychique qui relie tous les êtres humains sans qu'aucun ordinateur, ni téléphone mobile soit nécessaire pour établir la communication. Dans cet "Internet" imperceptible toutes les *grandes consciences* de tous les êtres humains communiquent intensément le jour comme la nuit, et la plupart du temps à l'insu de l'esprit conscient. Comme je l'ai déjà expliqué, nous émettons des informations de toutes sortes à travers notre corps et nous percevons à travers l'ensemble de notre corps des informations qui émanent des autres ou qui imprègnent les lieux dans lesquels nous nous trouvons. Nous sommes tous entourés par une atmosphère unique, une espèce de "sphère informationnelle" personnelle dans laquelle se mêlent les informations que nous émettons et les informations que nous recevons. Ces dernières émanent d'autres personnes et des lieux où nous nous trouvons et de tous leurs "habitants" végétaux, animaux et humains. Nous pouvons représenter cela de façon schématique dans le dessin qui suit (schéma n° 7):

Lorsque nous sommes au contact d'autres personnes, les sphères informationnelles se mélangent et notre corps capte beaucoup plus d'informations sur les gens qui nous entourent que notre esprit conscient. Nous pouvons représenter schématiquement comme il suit ce qui se passe lors d'une rencontre entre deux personnes (schéma n° 8):

Au cours de cet échange, l'esprit conscient reçoit toutes sortes d'informations auditives, visuelles, tactiles et olfactives. Pendant ce temps là, notre corps dans son ensemble capte tous les messages invisibles qui émanent de la personne et du lieu de la rencontre. L'ensemble de notre corps capte les informations invisibles telles que: émotions, sentiments, énergie physique et énergie psychique d'une personne, les pensées non formulées, et aussi des informations sur le lieu où elle vit, sur son passé familial et son hérédité. Il s'agit d'un véritable balayage en profondeur de la personnalité et du corps de nos interlocuteurs. En présence d'un objet ancien qui vient d'être trouvé lors d'une fouille, que se passe-t-il ?

L'archéologue regarde l'objet, le touche, prend des mesures, le catalogue, le restaure. Pendant ce temps là, son corps capte à l'insu de son esprit conscient beaucoup d'autres informations qui émanent de l'objet. Certaines de ces informations accéderont à l'esprit conscient des archéologues à travers les rêves. En appliquant la méthode décrite dans cet ouvrage, les archéologues pourront grâce à une meilleure communication avec leur inconscient tirer un bien meilleur parti des trouvailles de leurs fouilles. Notre corps capte beaucoup plus d'informations que celles qui affleurent à notre conscience. Notre conscience filtre les informations. Vous pourrez le voir facilement par vous-même à travers vos propres recherches. Toutes les informations captées par le corps parviennent à la *grande conscience*, tandis qu'à l'état de veille une part infime de ces informations affleure à l'esprit conscient. Cette part qui affleure à l'esprit conscient s'agrandit grâce au rêve, avec l'inconvénient cependant que l'information arrive déformée et a souvent besoin d'être décodée. Grâce aux rêves et à l'intuition, l'esprit conscient peut bénéficier d'un supplément d'informations. Grâce aux rêves, nous pouvons, par exemple, accéder à plus beaucoup plus d'informations sur notre environnement. Le corps, au contraire de l'esprit conscient semble avide de capter toutes les informations possibles. Pour prendre conscience de la différence informationnelle des lieux et des atmosphères des personnes, vous pouvez faire une expérience très simple et très intéressante. Après avoir préalablement observé un certain temps les connexions entre vos rêves et la réalité, cette expérience consiste à s'isoler complètement pendant au moins quelques jours.[37] L'isolement permet de "nettoyer" notre propre sphère informationnelle des émissions de notre entourage habituel. Après la période d'isolement, vous pourrez sentir beaucoup mieux la différence entre votre propre ambiance et celle des autres et vous serez beaucoup plus réceptif. J'ai souvent fait cette expérience à laquelle j'ai parfois ajouté un jeûne et j'ai pu ainsi beaucoup mieux percevoir la réalité de toute cette vie psychique intangible qui nous entoure et nous pénètre et qui intéressait au plus haut point les anciens peuples. Cela m'a fait comprendre par ailleurs, que certains rêves ne peuvent s'expliquer par rapport à un rêveur donné parce qu'ils résultent tout simplement d'informations captées dans un environnement donné (par exemple une chambre d'hôtel lors d'un voyage) et n'ont pas de rapport avec la vie personnelle du rêveur. Lorsque nous voyageons, la nuit dans nos chambres d'hôtel nous captons des informations qui se rapportent aux personnes qui ont dormi là avant nous. De ce fait, de nombreux rêves faits en voyage n'ont pas de grand rapport avec la vie du rêveur. Tenter de leur appliquer les méthodes d'interprétation ou de direction des rêves proposées par les psychologues est peine perdue. De même, changer d'endroit pour dormir est parfois beaucoup plus efficace que toute autre chose pour supprimer des cauchemars récurrents qui proviennent de la mauvaise énergie de certains lieux en d'autres termes de leur "pollution psychique". S'il y a des lieux, par exemple, qui inspirent les artistes, ce n'est pas un hasard et nous serons peut-être un jour techniquement capables de mesurer la qualité énergétique des lieux, des personnes, des animaux et des objets. Le travail sur l'étude des liens entre le rêve et la réalité peut beaucoup aider ceux qui n'ont pas de sensibilité consciente à l'énergie des lieux. Avec le travail sur la connexion des rêves et de la réalité, nous devenons beaucoup plus sensibles à tout ce qui nous entoure, à l'ambiance des lieux, à la charge informationnelle des objets. Lorsque nous avons suffisamment progressé nous pouvons aussi faire l'expérience à l'état de veille de la communication à distance. Je souligne : à l'état de veille, car pendant le sommeil la communication à distance est tout à fait banale comme vous aurez l'occasion de le constater vous-même. Pendant le sommeil nous sommes tous activement en communication énergétique et psychique les uns avec les autres sans aucun besoin d'appareillages technologiques. Il est très courant que des chercheurs communiquent entre eux par ce canal sans en avoir aucune conscience dans leur vie éveillée. Par expérience, j'ai compris que le corps capte à distance tout ce qui nous intéresse ou est en relation énergétique avec nous. Cet aspect suffit souvent à expliquer pourquoi un archéologue ira fouiller à un endroit qui l'attire irrésistiblement sans qu'il sache pourquoi, plutôt qu'à un autre.

J'ai remarqué aussi que les communications à distance en état de rêve ou pendant l'état de veille se produisent de manière privilégiée lorsque existe un fort lien affectif, familial, ou lié à un centre d'intérêt commun. Vous verrez que le travail sur les liens entre les rêves et la réalité assouplira considérablement votre mental. En effet, notre *grande conscience* a ses propres lois logiques, sa propre façon de faire ses "statistiques", sa propre conception de l'espace et du temps et il faut beaucoup d'ouverture d'esprit pour l'accepter telle qu'elle est, et pouvoir ainsi bénéficier de son inépuisable richesse informationnelle. La *grande conscience* est bien supérieure à l'esprit conscient que nous adulons tant dans le monde occidental. Nous ferions bien désormais de prêter plus d'attention à la *grande conscience* car elle a toujours une bonne longueur d'avance sur notre esprit conscient aussi bien dans le temps que dans l'espace.

2. Les représentations du temps et de l'espace dans notre psyché inconsciente

Dans l'état de veille, nous avons tous une grande prédisposition à passer notre temps à nous projeter dans le futur ou à vivre dans le passé. Pour ces projections nous utilisons les possibilités que nous offre notre esprit conscient. La *grande conscience* peut se projeter dans le passé et le futur avec une amplitude sans commune mesure avec celle de l'esprit conscient. Pour la *grande conscience*, le temps et l'espace existent aussi, mais n'obéissent pas toujours aux mêmes lois que celles qui régissent l'espace-temps dans le monde réel. Dans ce domaine, il est difficile de distinguer nettement entre ce qui appartient au monde intangible des rêves **et ce qui provient de la réalité qui nous entoure. Très particulièrement dans ce domaine, il y a une imbrication du visible et de l'invisible qui fausse toutes nos classifications de l'état de veille. Nous allons donc faire de notre mieux pour expliquer clairement la notion d'espace-temps dans le rêve.**

L'espace onirique:

Nos rêves sont fortement imprégnés des informations qui sont autour de nous dans notre monde physique. Cependant, vous verrez qu'ils contiennent aussi des informations provenant de lieux parfois très éloignés. Notre corps est capable de capter des informations émanant de personnes qui peuvent se trouver par exemple dans un autre pays. Dans ce cas, la loi de l'espace matériel peut être inopérante. Ce sont d'autres lois qui sont effectives, par exemple: la loi d'affinité, la loi énergétique, la loi de la pensée, la loi des sentiments, etc... Lorsqu'il nous arrive, par exemple, de capter des informations sur des personnes qui sont très loin de nous dans l'espace, ces personnes sont en réalité proches de nous d'une manière où d'une autre. Cette proximité peut être affective, énergétique, où tout simplement la personne a pensé à nous et notre corps a capté cette pensée. La pensée (émotionnellement chargée) semble voyager plus vite que la lumière. Ceci s'observe facilement à travers le journal de rêve et de réalité. Dans la littérature il existe aussi de nombreux témoignages à ce sujet. Par exemple, dans son autobiographie, l'écrivain Nina Berberova a affirmé qu'elle avait pu, dans un rêve, percevoir à distance les circonstances de la mort de ses parents dont elle était alors éloignée.[38] Notre corps est capable de percevoir à distance des événements qui sont en train de se produire et qui ont un lien avec nous. Les rêves ne nous permettent pas seulement de défier les lois de l'espace, ils nous permettent aussi d'avoir accès au futur et au passé.

Le temps onirique: la connaissance du passé et la prédiction du futur dans les rêves

Ici encore, il est difficile de faire la part des choses entre le temps onirique et le temps "matériel", car ces deux temps s'interpénètrent. En observant simultanément vos rêves et votre réalité, vous verrez que vos rêves contiennent des informations sur votre présent immédiat, sur le passé proche ou lointain, et sur le futur. Nous allons essayer d'expliquer pourquoi nous pouvons avoir accès en rêve à ce genre d'informations. Les rêves sur le passé sont assez faciles à admettre d'un point de vue rationnel. Il n'en va pas de même pour les rêves dits prémonitoires.

a) Le passé dans les rêves:

Vous verrez à travers votre auto observation que certains rêves contiennent des informations sur des événements déjà passés dont vous ne pouviez pas avoir eu consciemment connaissance. Par exemple, un événement s'est produit deux semaines auparavant et vous en avez connaissance deux semaines plus tard en rêve. Dans ce cas, c'est comme si l'information captée en temps réel par la *grande conscience* n'avait pu accéder à votre esprit conscient que deux semaines plus tard. Vous verrez aussi qu'en rêve vous pouvez accéder à des informations sur vos ancêtres, même ceux morts il y a très longtemps. Dans ce cas, nous accédons probablement à la mémoire de notre corps qui contient quelque chose de tous les êtres qui nous ont précédés et ont contribué à sa formation. Ce que les psychologues appellent la mémoire transgénérationnelle serait peut-être stocké dans notre propre corps physique.

A travers l'étude des liens entre le rêve et la réalité, vous verrez aussi que vous pouvez accéder à une mémoire collective beaucoup plus étendue que celle qui est matériellement manifestée par les moyens modernes de conservation de l'information humaine. Vous pourrez y puiser des informations sur le passé de l'humanité, et les informations sur le présent qui sont parfois étouffées par les pouvoirs en place. Dans le monde informationnel intangible personne ne peut bloquer le flot informationnel. Il n'y a ni journalistes, ni pouvoirs politiques vous empêchant de savoir ce que vous voulez savoir. Accéder aux informations que vous désirez ne dépend que de vous-même. Il existe une mémoire psychique collective ou pour utiliser le langage de Karl Gustav Jung: un inconscient collectif. Certaines traditions spirituelles enseignent qu'il existe une mémoire collective de l'humanité: la mémoire akashique. Selon ces traditions, certaines personnes parviennent à accéder consciemment ou en état de rêve à la mémoire akashique. Dans les vignettes des livres des morts des anciens Égyptiens la mémoire du monde me semble être symbolisée par le dieu Thot, qui lorsqu'il se tient près de la balance de la Justice prend des notes sur une palette.[39] Les progrès de l'informatique rendent finalement l'existence de ce type de mémoire tout à fait réaliste. Ne sommes-nous pas devenus capables de stocker des quantités de plus en plus grandes d'informations sur des supports de plus en plus petits? Nos corps eux-mêmes ne sont pas seulement matériels, ils sont aussi des stockeurs-émetteurs-récepteurs d'information intangible et d'énergie. Il y a certainement des "supports naturels" que nous ne connaissons pas et qui enregistrent toutes sortes d'informations. La connaissance d'événements du passé peut donc s'expliquer relativement aisément tandis que l'accès au futur semble à première vue tout à fait étrange.

b) Le futur dans les rêves:

Etant donné l'habitude que nous avons de notre espace-temps, cela peut paraître beaucoup plus difficile d'admettre que nous puissions accéder à des informations sur le futur. Cela semble "paranormal" ou "merveilleux" ou tout à fait impossible. Pourtant, vous vous apercevrez bien vite à travers le travail d'observation des rêves et de la réalité, que rêver en avance des événements futurs est tout à fait banal et courant.[40] Vous remarquerez aussi que parfois vous rêvez en avance de choses sans importance.

En fait, nous faisons tous chaque nuit des rêves prémonitoires pour la bonne raison que nous ne vivons pas nos vies dans le sens communément admis. Communément, nous croyons que la part la plus importante de la vie et la plus décisive est la vie éveillée. En fait, c'est tout le contraire et cela pour tout le monde. La part la plus importante de notre vie individuelle et collective a lieu pendant le sommeil. C'est à l'état de rêve que les êtres humains communiquent de la manière la plus intense les uns avec les autres. Jusqu'à ce jour, la science ne sait pas à quoi sert le rêve mais elle sait que privé de rêve l'être humain ne peut pas vivre. A tel point que Descartes aurait eu mieux fait de dire "Je rêve, donc je suis". Chaque nuit, dans les cerveaux des êtres humains se programme en réseau la journée qui va suivre et aussi certains événements importants dans le plus long terme. L'observation des liens entre le rêve et la réalité démontre que dans la vie éveillée, nous ne faisons que manifester individuellement et collectivement ce qui a été programmé dans nos cerveaux pendant le sommeil. Cette programmation opère chez tous les êtres vivants même chez ceux qui ne gardent aucun souvenir conscient de leurs rêves. Une chose ressort très fortement à travers l'étude rêve-réalité: nous nous trompons absolument lorsque nous croyons que c'est l'esprit conscient qui mène tout le temps la barque! Même les personnes les plus fermées à leur vie intérieure vivent sous l'emprise de la programmation nocturne de leur cerveau. Les autres, plus ouvertes tirent un meilleur parti de ce processus et sont parfois capables de percevoir de manière consciente le futur qui s'annonce pour elles. Etant donné que certaines informations sur le futur parviennent à l'esprit conscient à travers des rêves clairs et précis, l'humanité a toujours su que les rêves peuvent "prédire l'avenir". C'est essentiellement cette faculté onirique qui intéressait les Anciens. Certains d'entre eux considéraient cependant que les rêves prémonitoires étaient envoyés par les dieux et attendaient bien patiemment leur divine intervention ou les sollicitaient d'intervenir par l'intermédiaire de rituels et de sacrifices. De nos jours, les rêves prémonitoires sont encore considérés par la plupart des gens, comme des événements merveilleux, de nature paranormale ou divine et ils sont niés par la science qui serait pourtant la première à pouvoir en tirer un grand bénéfice. Ceux qui osent parler de leurs rêves prémonitoires dans certains cercles, sont ridiculisés par des personnes totalement ignorantes de leur propre monde onirique. Pourtant, prédire le futur est une faculté tout à fait naturelle de notre cerveau. Elle existe déjà à l'état de veille et tout le monde l'utilise naturellement. Elle se trouve simplement considérablement amplifiée au cours du processus onirique.

La littérature ancienne et moderne abonde en témoignages sur la possibilité de connaître l'avenir à travers les rêves.[41] Comment pouvons-nous expliquer l'existence de cette faculté naturelle de connaître l'avenir qui intéressait tant les anciennes civilisations? Nous pouvons comprendre ce phénomène en le comparant à ce qui se passe dans la vie éveillée. Dans la réalité, personne ne s'étonne du fait que vous puissiez prévoir que dans le futur, tel jour à telle heure, vous ferez telle chose, pour la simple raison que vous l'avez décidé seul ou en accord avec d'autres personnes. La *grande conscience* fait exactement la même chose, mais comme elle a accès à beaucoup plus d'informations que la *petite conscience* elle est capable d'organiser le futur avec beaucoup plus d'avance et beaucoup plus de précision. Lorsque vous aurez travaillé assez longtemps sur vos rêves et votre réalité, et que vous aurez décodé l'essentiel de vos propres symboles oniriques, vous pourrez constater que certains événements sont annoncés parfois dix ans plus tôt, de manière parfois claire et précise dans les rêves. Cependant, la plupart des événements courants apparaissent dans les rêves peu de temps avant leur manifestation dans la réalité. Les rêves préparent constamment la vie diurne, mais peu de personnes sont conscientes de cet état de choses, car elles n'ont pas appris à décrypter leur propre code onirique. De ce fait, elles ne bénéficient que de quelques rêves clairs et précis qu'elles ont eu la chance de faire sur leur futur, et passent à côté de tous les autres rêves prémonitoires parce qu'elles n'ont pas appris à décoder leur langage onirique. Connaître votre propre langue onirique grâce à l'observation simultanée de vos rêves et de votre réalité, vous donnera un avantage inestimable pour vous guider dans l'existence et orienter vos recherches. Cela va vous aider à saisir des occasions, à prendre de bonnes décisions, à surmonter des obstacles et vous éviterez bien des écueils. Pour pouvoir tirer un bon parti du processus onirique pour connaître le futur, il faut apprendre à distinguer les rêves prémonitoires d'autres rêves tels que les rêves d'accomplissement de désir, les rêves de “digestion” d’informations, les rêves psychologiques, les rêves “des autres”, et les cauchemars récurrents, dus à des traumatismes. Ces cauchemars mettent en scène des catastrophes qui ne se produisent jamais dans la réalité. Elles ne font que répéter une expérience traumatisante de la psyché du rêveur ou de ses ancêtres même lointains. Par ailleurs, il convient aussi d’apprendre à distinguer les rêves prémonitoires des rêves d’accomplissement de désirs. Freud avait en partie raison lorsqu’il estimait que les rêves sont des accomplissements de désirs. En effet, de tels rêves se produisent fréquemment. En conséquence si vous désirez très fort quelque chose, ne prenez pas vos rêves d’accomplissement de désir pour des rêves prémonitoires. Dans ce cas, vous seriez très déçus. J’ai observé que lorsque je souhaite ardemment quelque chose, mes rêves ne me sont pas d’un grand secours pour connaître l’avenir sur ce point. Je manque du détachement nécessaire et de ce fait, mon esprit conscient forme des rêves d’accomplissements de désirs, qui ne proviennent donc pas de ma *grande conscience*. Dans ce cas, je demande à mes proches de m’aider en me racontant leurs rêves. N’étant pas envahi par un vif désir, l’esprit conscient de mes proches est plus ouvert pour recevoir des messages de ma *grande conscience*, et ils rêvent la réponse pour moi. C'est comme si leur plus grande neutralité leur permettait de mieux capter l'information qui me concerne et que je porte en moi et autour de moi, alors que mon vif désir fait obstacle au passage de l'information dans mon esprit conscient. Vous verrez en observant vos rêves et votre réalité, que certains rêves sont simplement des créations de votre *petite conscience*, avec toutes ses limitations. Plus nous acquérons de détachement et de neutralité par rapport à notre propre vie et plus nous y voyons clair sur le passé, le présent et l'avenir, à travers les rêves et aussi dans la réalité. Mais être détaché et neutre, ce n'est pas toujours facile!

Par ailleurs, certaines personnes font des cauchemars récurrents de catastrophes qui ne se produisent jamais. Si vous êtes dans ce cas, il est intéressant de faire un travail sur vos rêves et votre réalité. D'abord pour vous rassurer sur le caractère non prémonitoire de ces rêves, puis pour tirer parti de ce phénomène pour accéder aux traumatismes parfois très anciens qui les ont formés. Selon des recherches effectuées par des psychologues et groupe analystes, des traumatismes peuvent se transmettre à travers plusieurs générations.[42] Ils réapparaissent dans des cauchemars récurrents dénués de liens avec la vie réelle du rêveur. En général, ces cauchemars se répètent avec un même thème émotif et des décors différents. Certains rêveurs ressentent une grande frayeur, d'autres une grande angoisse. Si vous êtes sujet à ce genre de cauchemars, apprenez à bien les repérer, car vous pouvez en tirer un excellent parti au lieu d'en subir les inconvénients. Les cauchemars récurrents sont liés à d'importants potentiels énergétiques. S'en libérer permet d'utiliser ces potentiels énergétiques pour être plus créatif. De même, démêler l'écheveau de mémoires traumatiques permet aux individus souffrant de traumatismes transgénérationnels, d'accéder à des informations qui appartiennent parfois à un passé très lointain de l'humanité. L'observation simultanée du rêve et de la réalité vous sera très précieuse. Avec le temps, vous vous apercevrez que ce sont certains événements de votre réalité, un état de stress ou une période d'isolement, qui réactivent ces traumatismes inconnus de votre esprit conscient. La dernière chose dont je voudrais parler avant de terminer sur le thème du futur dans les rêves, c'est la fatalité.

c) Seul le passé est immuable

Nous allons ici reprendre la même comparaison que celle que nous avons utilisée pour expliquer pourquoi les rêves prédisent le futur. Nous avons vu que l'esprit conscient prédit le futur et que personne ne s'en étonne. Nous avons vu aussi que la différence entre l'esprit conscient et la *grande conscience* dans leur fonction de prédiction du futur tient à ce que la *grande conscience* se base sur beaucoup plus d'informations que la *petite conscience* pour organiser le futur. Elle peut donc prévoir beaucoup plus loin dans le temps. Il arrive que votre esprit conscient ait prévu un futur qui finalement ne se réalisera pas. Par exemple, le lundi, vous avez pris un rendez-vous pour le samedi suivant et vous annulez ce rendez-vous le vendredi. Jusqu'au vendredi, vous connaissiez votre avenir par rapport à votre journée de samedi, et pourtant cette prédiction consciente ne s'est pas réalisée. La même chose peut arriver pour ce qui concerne les prédictions de la *grande conscience.* Elle peut changer d'avis et vous pouvez aussi lui faire changer d'avis. C'est la raison pour laquelle, quoi que vos rêves annoncent, ne soyez pas fatalistes et résignés. Si les rêves influencent la réalité, la réalité influence aussi les rêves et il est toujours temps, lorsque nous sommes informés en rêve que des choses ne vont pas comme il faudrait, de prendre les mesures adéquates dans la réalité pour arranger cette situation ou éviter certains événements dont les rêves nous préviennent. Dans la plupart des cas, nous sommes libres de changer notre réalité. Je vais à présent expliquer comment obtenir volontairement de votre *grande conscience* les informations que vous souhaitez.

CHAPITRE 4

Apprenez à parler à votre inconscient dans sa langue, et vous pourrez bénéficier de son inépuisable richesse informationnelle

L' « ingénierie inverse » du codage de l'inconscient est une puissante clef d'accès à l'information inconsciente

Lorsque vous aurez décodé l'essentiel de votre langage onirique, vous posséderez un outil d'une efficacité remarquable pour comprendre vos rêves et pour communiquer plus efficacement avec votre *grande conscience.* En effet, vous pourrez lui parler dans sa propre langue symbolique et mieux faire passer les messages. Il est logique, si nous y réfléchissons, que la *grande conscience* doive avoir autant de mal à nous comprendre que nous avons de mal à comprendre consciemment le langage de nos rêves. La *grande conscience* et l'esprit conscient ne parlent pas la même langue d'où la difficulté de faire utilement passer des informations de l'un à l'autre. Avec le décodage des rêves, le problème de communication avec la *grande conscience* est réglé. Ayant appris à connaître sa façon de s'exprimer, vous êtes capables de vous faire entendre par elle et lorsqu'elle vous répond vous êtes capable de comprendre sa réponse. Nous avons vu que les rêves sont des intermédiaires entre la *grande conscience* et l'esprit conscient. La logique des rêves ne joue pas seulement dans le sens rêve/réalité mais aussi dans l'autre sens réalité/rêve. En d'autres termes, comme les rêves sont des intermédiaires, nous pouvons les utiliser dans les deux sens, c'est-à-dire:

- de la *grande conscience* vers la *petite conscience*, par exemple lorsque nous savons décoder le sens de nos rêves. (schéma n° 9)

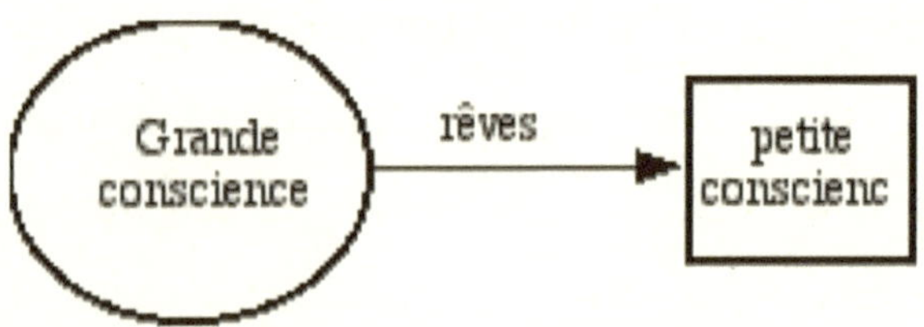

- de la petite conscience vers la *grande conscience*, lorsque nous désirons obtenir en rêve une réponse à une

question. (schéma n° 10)

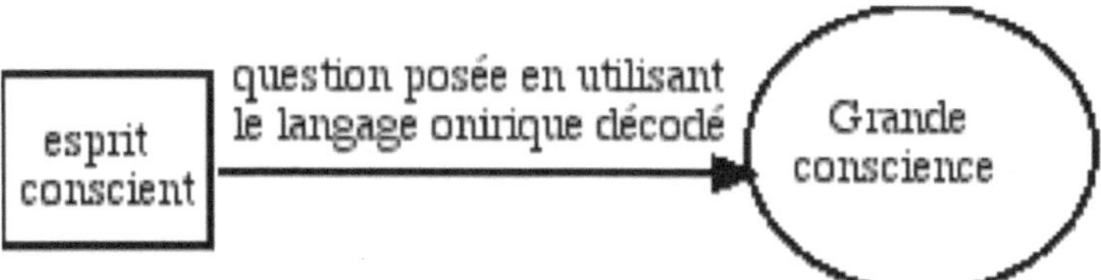

Au cours des expériences que j'ai réalisées sur mon propre processus onirique, j'ai eu l'idée de poser à ma *grande conscience* des questions dans son propre langage, c'est-à-dire dans mon langage onirique que j'avais préalablement décodé. En clair, avant de m'endormir, je me pose une question en utilisant le "vocabulaire" de mes rêves. J'ai observé qu'agir ainsi démultiplie considérablement mes chances d'obtenir une réponse précise en rêve aux questions que je me pose. De fait, c'est une des découvertes les plus utiles que j'ai réalisées sur le processus onirique. Je vais prendre pour cela un exemple concret et d'actualité, étant donné le marché actuel de l'emploi. Si quelqu'un a décodé que dans son langage onirique "le chapeau" est le symbole le plus utilisé par sa *grande conscience* pour représenter son emploi, cette personne pourra utiliser ce symbole dans l'autre sens (de la *petite conscience* vers la *grande conscience*) en l'intégrant à une question posée à elle-même avant de s'endormir, telle: “Vais-je changer de chapeau?”. J'ai observé que la question est d'autant plus efficacement posée qu'on forme les images du symbole mentalement et qu'on la pose “du fond du coeur”, ce qui la charge d'émotion, c'est-à-dire d'énergie. Dans ce cas, la *grande conscience* peut répondre par un rêve qui soit utilise le même symbole que celui contenu dans la question, soit utilise d'autres symboles que vous avez aussi appris à décoder. Dans tous les cas, utiliser votre langage onirique préalablement décodé pour poser des questions à votre *grande conscience*, c'est démultiplier vos chances de communiquer efficacement avec elle et de ce fait de recevoir une réponse appropriée. Si les chercheurs savaient cela, ils pourraient être beaucoup plus efficaces dans leurs travaux. Si les chercheurs apprenaient à observer leur processus onirique, ils pourraient utiliser leur langage onirique décodé pour demander à leur *grande conscience* des réponses à des questions qu'ils se posent. Les archéologues, par exemple pourraient mieux se guider intuitivement dans leurs fouilles et pourraient mieux comprendre des choses qui sont impossibles à comprendre d'un point de vue matérialiste uniquement. Cela permettrait d'accélérer le rythme des découvertes, même

avec de faibles budgets de recherche. En questionnant leur grande conscience dans son propre langage, les chercheurs seraient en mesure de puiser de manière sélective et efficace à une source d'informations beaucoup plus ample que celle à laquelle peut avoir accès leur esprit conscient. Chaque fois que dans l'histoire de l'archéologie, un chercheur a découvert « par hasard » un site exceptionnel, il faut comprendre par là qu'il n'y a pas de hasard, que ce chercheur a en réalité été guidé par son inconscient pour aller précisément vers ce site là. De ce fait, si les chercheurs apprenaient à mieux coopérer avec leur inconscient, ce type de découvertes faites « par hasard » serait beaucoup plus fréquent. Les qualités de l'esprit conscient sont indispensables pour mener à bien des travaux de recherches sur les anciennes civilisations. Cependant, coupé de la *grande conscience*, l'esprit conscient est beaucoup moins performant. Pour illustrer cela nous allons prendre l'exemple deux personnes qui chercheraient chacune à leur manière un même livre rare.
La première déduirait d'après la langue de l'ouvrage et l'année de publication quelles seraient les bibliothèques susceptibles de détenir l'ouvrage. Puis elle irait consulter les fichiers manuels de toutes les bibliothèques retenues.

Cela prendrait un certain temps, sans aucune garantie de succès. C'est la démarche d'une personne dont l'esprit rationnel est coupé de la grande conscience. Quelle lenteur !

La seconde personne taperait quelques mots clefs dans un moteur de recherche spécialisé, obtiendrait en quelques secondes la réponse et se rendrait directement à la bibliothèque détenant le manuscrit recherché. C'est la démarche d'une personne dont la grande conscience coopère avec l'esprit conscient pour une plus grande efficacité. Bien évidemment, il ne s'agit là que d'une comparaison destinée à illustrer mes propos.

Avant de pouvoir communiquer efficacement avec votre *grande conscience* pour obtenir les réponses aux questions que vous vous posez, il vous faudra un certain temps de pratique et une "hygiène onirique" comme nous le verrons dans le chapitre suivant qui explique comment mettre toutes les chances de votre côté afin de profiter de la richesse informationnelle de votre inconscient personnel et aussi de l'inconscient collectif.

CHAPITRE 5

Les meilleures conditions pour tirer parti de la richesse informationnelle de l'inconscient pour les recherches sur les anciennes civilisations

1. Reprenez contact avec votre monde intérieur

Tout d'abord, pour beaucoup d'entre nous qui avons fait des études universitaires parfois très longues, il est souvent difficile d'avoir accès d'emblée à ces anciennes strates de notre psyché desquelles le développement de notre esprit conscient nous a presque complètement coupés. Notre cerveau conscient et sa mémoire bien chargée ont toujours la réponse à tout et projettent leurs idées préconçues sur toutes les nouveautés qui leur sont présentées. La plupart des erreurs des chercheurs résultent de ce phénomène. Pour tous ceux qui surchargent leur cerveau d'informations sans jamais lui laisser de temps de digestion, il sera difficile d'avoir des rêves qui viennent de la grande conscience. Ils n'auront la plupart du temps que des rêves de « digestion » du cerveau conscient composé d'un bric à brac entremêlé de toutes les informations de la journée et de quelques cauchemars. Pour accéder à des rêves d'une autre qualité, ces personnes doivent limiter l'apport extérieur d'informations, se ménager des temps de solitude et être plus attentifs à leur corps et à ses perceptions. Si ces personnes ne sont pas déprimées, je leur conseille une expérience très intéressante à faire : rester quelques jours dans la solitude, sans télévision, sans radio sans téléphone dans un lieu calme, en mangeant très légèrement ou mieux en jeûnant et en buvant des tisanes relaxantes. Elles auront alors forcément des rêves d'une autre qualité qui proviennent de la grande conscience.

2. N'entravez pas le bon fonctionnement du cerveau

Pour bien profiter de votre sommeil et des informations qu'il peut vous apporter, il convient de libérer au maximum votre cerveau de la gestion de votre corps physique. Dormez de la manière la plus confortable possible. Evitez aussi, par exemple, de manger des aliments lourds à digérer juste avant d'aller dormir. Cela évitera à votre cerveau d'avoir à s'occuper des messages de votre estomac qui l'informe de ses problèmes de digestion. Il est reconnu que beaucoup de cauchemars sont dus à des problèmes de digestion. Il est donc facile de les éviter en dînant légèrement, et à un moment aussi éloigné que possible de votre coucher. Des études ont aussi prouvé que certains médicaments, certaines drogues et les excitants comme le café, l'alcool ou le tabac affectent négativement le processus onirique. Chacun réagissant différemment à ces substances, il appartient aux chercheurs de faire leurs propres expériences. J'ai observé que la sauge officinale et la lavande prises en infusions au coucher améliorent la qualité de mes rêves. Pour la lavande, c'est probablement parce qu'elle induit chez moi un état de profonde relaxation. Quant à la sauge, il est bien connu qu'elle améliore la mémoire. Plus nous sommes calmes et relaxés au moment d'aller dormir, plus nous avons de chances d'avoir des rêves clairs. Le stress ou un état de choc au moment d'aller dormir vont hélas continuer à vous empoisonner pendant votre sommeil et perturber vos rêves. Evitez donc absolument d'écouter les informations ou de regarder des films d'horreur et de violence à la télévision avant d'aller dormir. Une autre condition importante pour bénéficier d'informations du monde onirique consiste à dormir suffisamment pour vous recharger à votre maximum énergétique car c'est votre niveau d'énergie qui conditionne la qualité de votre accès au monde informationnel qui vous entoure. Lorsque votre énergie est basse, vous ne pouvez pas capter certaines informations même si vous le désirez. Car dans le monde intangible, la loi d'attraction est implacable. Sans même faire l'expérience des relations entre le rêve et la réalité vous pouvez constater autour de vous qu'il est très rare que les personnes dépressives aient autre chose que "des idées noires". Donnez-vous toutes les chances d'augmenter votre niveau d'énergie vitale par tous les moyens qui sont à votre portée : une pratique sportive, une alimentation saine, une hygiène de vie et aussi une hygiène mentale.

3. Sachez mettre à profit la phase de l'endormissement

La tonalité et le sujet de vos pensées (négatives ou positives) au moment de l'endormissement influence fortement le contenu de vos rêves. C'est donc à ce moment là qu'il convient de poser à votre grande conscience dans le langage qu'elle comprend (et que vous aurez décodé) les questions auxquelles vous souhaitez des réponses. Tant que vous n'aurez pas décodé votre langage onirique, vos réponses seront moins efficaces. Une autre méthode en attendant d'avoir pleinement accès à votre langage décodé consiste à s'endormir en méditant de façon relaxée à vos recherches en cours. (Beaucoup de chercheurs le font naturellement). Cela programme le cerveau pour continuer à travailler sur cette lancée en coopération avec la grande conscience pendant que vous dormez. C'est ce qu'on dû faire instinctivement tous les grands découvreurs qui ont fait des découvertes significatives grâce à leurs rêves.

De nombreux exemples historiques ont démontré que les rêves créatifs sont généralement faits par des personnes qui poursuivent dans la réalité des recherches, que ce soit à titre personnel ou professionnel, qui sont passionnées par leur sujet et qui prêtent un minimum d'attention à leurs rêves. Par exemple, Karl Gustav Jung travaillait dans un domaine qui était sa vocation et prêtait attention à ses rêves ; il avait donc de nombreuses chances de faire des rêves de création. Karl Gustav Jung a affirmé à propos de ses recherches:

"Mes idées sur le centre et sur le Soi me furent confirmées plus tard, en 1927, par un rêve".[43]

En outre, un rêve, dans lequel il se voyait parler à un public beaucoup plus large que son public habituel, lui communiqua l'idée de son ouvrage *Essai d'exploration de l'inconscient* écrit à la fin de sa vie et considéré comme son testament accessible aux non-initiés aux théories psychanalytiques. Dans cet ouvrage, il cite l'exemple du romancier Robert Louis Stevenson qui:

"....ayant cherché pendant des années une histoire qui exprimerait le sentiment profond qu'il avait d'une double personnalité de l'être humain, le docteur Jekyll et Mr Hyde, lui fut soudain révélé en rêve".[44]

4. Augmentez votre vitalité pour mieux communiquer avec votre inconscient

Le travail d'observation du processus onirique permet d'augmenter votre vitalité pour de multiples raisons. Il permet de régler des problèmes psychologiques qui bloquent la circulation énergétique dans le corps, de prendre conscience des atteintes diverses à l'énergie psychique et d'apprendre à y remédier. Il permet aussi de mieux connaître nos propres mécanismes de recharge énergétique. En effet, à travers l'observation des relations entre le rêve et la réalité, vous pourrez constater très clairement les fluctuations de votre énergie vitale. Une vitalité optimale se traduit par des rêves colorés, lumineux et joyeux, tandis que la fatigue et le stress tendent à rendre les rêves plus ternes. En observant les fluctuations de votre énergie, vous pourrez apprendre à déceler ce qui dans votre vie éveillée favorise une haute énergie vitale et ce qui au contraire sape votre vitalité. Il n'est pas bon par exemple de passer du temps dans certains lieux dont l'énergie n'est pas favorable à la vie. Et là, vous constaterez avec beaucoup d'étonnement que votre esprit conscient et votre *grande conscience* n'ont pas du tout les mêmes critères d'appréciation de la "beauté" des lieux. La connaissance des relations entre le rêve et la réalité vous permettra de savoir mieux utiliser les propriétés réceptrices de votre corps.

5. Evitez de vous acharner sur les problèmes insolubles, prenez de la distance

Si vous cherchez avec acharnement et sans résultat la réponse à une question. Au lieu de vous surcharger de travail, prenez donc du recul en dormant plus longtemps. Les chercheurs devraient faire régulièrement de très grasses matinées, car les idées nouvelles et les solutions à des problèmes ont le plus de chances d'accéder clairement à la conscience diurne grâce aux rêves du matin faits après une longue nuit de sommeil réparateur. Une technique efficace consiste à se rendormir immédiatement le matin après la sonnerie de votre réveil. Cela démultiplie les possibilités d'obtenir des rêves clairs de solutions à vos problèmes.

6. Apprenez à tirer un meilleur parti du produit de vos fouilles archéologiques

Il ressort de mes observations sur les connexions entre le rêve et la réalité, que notre corps physique placé dans un bain informationnel donné se charge temporairement de l'énergie et de l'information des lieux. Toutes ces particularités des lieux sont enregistrées par notre *grande conscience* qui communique une partie de cette information à notre esprit conscient par l'intermédiaire des rêves. Les équipes d'archéologues feraient bien de prêter attention aux rêves de chaque membre de l'équipe et de dormir quelques nuits à l'emplacement des sites avant de commencer leurs fouilles. Ils se mettraient ainsi dans de meilleures conditions pour tirer parti de cette possibilité qu'a le corps de se charger de l'information des lieux et des objets et de les communiquer à l'esprit conscient par l'intermédiaire des rêves. L'auteur d'un livre sur le yoga des rêves, relate une expérience qui ferait rêver plus d'un archéologue ! Alors qu'il dormait sur les ruines d'un ancien temple du Shang-Shung au Tibet, il fit un rêve dans lequel il trouvait une ancienne statuette de garuda dans un monticule de terre. A son réveil, tandis qu'il filmait les ruines avant de continuer son chemin avec le groupe de voyageurs qui l'accompagnaient, il vit le monticule où dans le rêve il avait trouvé la statuette. Il creusa et il y trouva effectivement la statuette qu'il emporta.[45]

En outre, j'ai observé en formant d'autres personnes à mes techniques que plus nous travaillons nos rêves en relation avec la réalité et plus facilement la *grande conscience* communique avec l'esprit conscient et plus nous développons la réceptivité de notre corps à notre environnement informationnel. De telle sorte, que l'intuition, qui n'est autre que le passage d'informations inconscientes à la conscience, se développe aussi de manière significative. La *grande conscience* est bien plus puissante que l'esprit conscient pour orienter le chercheur vers des sites archéologiques qui l'intéressent fortement. Elle va beaucoup plus vite que l'esprit conscient pour trouver des idées nouvelles et des solutions à toutes sortes de problèmes et questions. Pour profiter pleinement des informations de la grande conscience, il faut être tolérant vis-à-vis d'elle.

7. Développez votre souplesse mentale

Il arrive que la *grande conscience* après avoir été sollicitée dans sa propre langue nous transmette une réponse que notre petit esprit étriqué trouve ridicule et laisse de côté. Combien de fois cela n'arrive-t-il pas qu'une personne présentant une idée nouvelle soit la cible des moqueries de son entourage, ce qui l'incite à ne pas continuer dans cette voie nouvelle que sa *grande conscience* lui a suggérée. Lorsque nous notons nos rêves, il faut éviter ce travers de l'esprit rationnel qui a tendance à ridiculiser et à rejeter d'emblée tout ce qui ne correspond pas à ses normes étriquées. Concrètement, pour le travail de décodage des relations entre le rêve et la réalité cela signifie qu'il faut noter tous les rêves, même ceux qui à première vue vous paraissent inutiles et farfelus. Il ne faut pas trier d'emblée vos rêves. De même, il faut systématiquement tester, lorsque la réalité nous en donne les moyens, ce que le rêve nous présente comme une découverte, une idée nouvelle dans un domaine, un site intéressant à fouiller. Plus nous coopérons avec tolérance avec la *grande conscience* et plus celle-ci a tendance à coopérer avec nous. L'inverse se vérifie aussi à travers l'observation des relations entre le rêve et la réalité. Avant de passer à la conclusion de cet ouvrage il me tient à coeur de donner quelques conseils sur la façon de regarder les anciennes images car il est très dommage que les chercheurs n'aient aucune formation dans ce domaine.

8. Apprenez à regarder les anciennes images

Que fait l'érudit moderne devant une ancienne image, une image d'Egypte par exemple, celle dont je vous ai parlé au début de ce livre, la voici à nouveau:

Il s'empresse de lui coller une étiquette. Et voilà celles qui ont été inventées pour cette scène : « la pesée du coeur », « le jugement des morts » « la psychostasie ». A partir de là, son cerveau conscient s'engouffre dans une voie toute tracée. Il ne regarde pas vraiment l'image mais se laisse fortement influencer par les textes qui l'accompagnent. Ensuite il projette sur l'image toutes nos conceptions modernes et notre façon de voir le monde. Une image de l'ancienne Egypte ne peut livrer ses messages si on la regarde ainsi, elle ne livre ses messages qu'en passant par notre inconscient et nos émotions, puis en dernier lieu par notre intelligence rationnelle. Elle utilise le même processus qui est à l'oeuvre dans le phénomène onirique.Il convient de « regarder » les anciennes images en court-circuitant dans un premier temps, l'activité de notre cerveau conscient qui ne vit pas dans le monde qui a créé ces images et ne peut que nous induire en erreur. Ce n'est que dans un second temps qu'il convient d'utiliser les sources écrites à notre disposition. Il est difficile d'expliquer en détail comment regarder les images anciennes, mais c'est quelque chose que nous apprenons naturellement en appliquant la méthode d'exploration des relations entre les rêves et la réalité que j'expose dans ce livre. Si vous souhaitez voir ce que nous pouvons apprendre grâce à cette autre façon de regarder les images, vous pouvez lire mon livre *Maat, La philosophie de la Justice de l'ancienne Egypte* dans laquelle l'image de la justice ainsi décryptée permet de répondre à de nombreuses questions restées sans réponses pour les égyptologues.[46] Grâce à cette exploration de votre processus onirique, une autre sensibilité se développe qui unit à la fois l'émotionnel et le rationnel. Pour ceux qui n'ont pas encore fait ce travail, une technique efficace consiste à regarder ces images avant d'aller dormir, plusieurs soirs de suite si nécessaire afin qu'elles imprègnent l'inconscient qui, lui, fera passer les informations de l'image à l'esprit conscient. Les couleurs et les formes utilisées par les anciens Égyptiens ont un effet puissant sur notre psyché. C'est une des raisons qui à mon avis explique la fascination de tant de monde pour l'ancienne Egypte. Ses images, ses statues, l'énergie qui s'en dégage parlent encore à notre inconscient. Lorsque vous regardez une image de l'ancienne Égypte, oubliez toutes vos connaissances. Regardez-la avec des yeux nouveaux. Ressentez-la. Quelle atmosphère se dégage de l'image ? Quel en est l'élément central ? Les actions représentées sont-elles concrètement possibles ? Par exemple, dans cette scène l'esprit conscient voit immédiatement une pesée. Cependant, l'équilibre qui est montré -s'il s'agissait effectivement d'une pesée- est impossible. En effet, un coeur dans une urne d'un côté est forcément plus lourd qu'une plume d'autruche (symbole de Maat) de l'autre côté. (Même s'il s'agissait d'un message abstrait, l'équilibre montré serait aussi impossible car un être humain ne peut pas faire le poids en face d'une déesse.) Si donc le résultat de la pesée est impossible, l'image est utilisée pour signifier autre chose qu'une pesée et il faut donc chercher dans une autre voie qui vous entraînera vers le véritable message de l'image et les intentions de ceux qui l'ont inventées. L'habileté à décrypter les anciennes images vous viendra naturellement lorsque vous aurez travaillé à explorer les relations entre vos rêves et votre réalité.

Pour découvrir le sens des anciennes images, il convient aussi d'avoir à l'esprit que les anciens peuples qui les ont créées n'avaient pas développé notre sens de l'abstraction. Pour eux, tout était réalité concrète, et leurs perceptions du monde se traduisait en images qui devaient être conformes à cette réalité ou qui étaient utilisées pour symboliser des principes naturels réels. J'avais déjà appris cela dans mon enfance lorsque j'étais « l'interprète » de ma mère, car il fallait lui traduire en images concrètes toutes les abstractions intellectuelles que nous utilisons dans le langage moderne. Quelle gymnastique intellectuelle pour l'enfant que j'étais alors. Parfois, c'était impossible ! Plus tard, j'avais observé le même phénomène dans le droit romain archaïque. A tel point qu'à travers l'étude de l'évolution de nos systèmes juridiques, il est possible de suivre pas à pas l'évolution de notre psyché collective, laquelle sur le substrat de la réalité concrète et de ses images a bâti peu à peu un univers de fictions juridiques (c'est-à-dire d'abstractions) que nous prenons aujourd'hui pour des réalités juridiques. A titre d'exemple, je parlerai du droit de propriété. Dans le droit romain archaïque la propriété ne pouvait se concevoir sans la présence physique d'une chose. En d'autres termes, pour pouvoir être propriétaire d'une chose il fallait en avoir la maîtrise physique. La notion de « droit de propriété » n'existait pas encore. Elle fut inventée beaucoup plus tard et elle donna lieu plus tard encore à l'invention de la fiction juridique qui consiste à transférer la propriété d'une chose en transférant uniquement le droit qui s'y rapporte : c'est-à-dire finalement un morceau de papier signé. Aujourd'hui, nous pouvons transférer un droit de propriété sur une chose sans avoir à transférer la chose physiquement dans le même temps. Pour couronner le tout, nous avons même inventé le concept de propriété incorporelle, c'est-à-dire une propriété qui ne s'applique plus à des objets tangibles mais à des idées.[47] Ceci, pour les romains de la Rome archaïque était une chose impossible. D'ailleurs, essayez donc de dessiner un « droit de propriété incorporelle» !

CONCLUSION

Lorsque vous utiliserez cette méthode d'observation des connexions entre vos rêves et votre réalité, vous pourrez prendre peu à peu conscience de l'univers psychique dans lequel vivaient les hommes des anciennes civilisations. Vous comprendrez aussi que leur corps était resté beaucoup plus « instinctif » que le nôtre et qu'il captait plus efficacement que nous l'énergie des lieux, des objets et des personnes. De ce fait, les hommes et les femmes des anciennes civilisations étaient beaucoup plus sensibles que nous aux énergies de la nature. Chez l'homme moderne, la sensibilité du corps au monde énergétique s'est considérablement émoussée, mais à travers l'observation des rêves et de la réalité il est possible de redécouvrir cette fonction naturelle du corps humain. En explorant, votre processus onirique, vous pourrez expérimenter les lois de fonctionnement du monde intangible. Cette dimension que nous ignorons aujourd'hui, était au centre des préoccupations des anciens. Elle était leur réalité. Les anciens romains par exemple avaient tiré parti de leur connaissances dans ce domaine pour bâtir leur système juridique. En prenant conscience de l'importance de l'aspect énergétique du monde, vous pourrez mieux entrer dans l'esprit des anciennes civilisations et cela vous ouvrira de nombreuses portes qui ne peuvent que rester irrémédiablement fermées aux chercheurs qui regardent les vestiges de ces mondes disparus avec la lunette du matérialisme moderne. Plus qu'à la richesse matérielle, les peuples « primitifs » s'intéressaient à la Vie. Ils savaient que l'abondance véritable ne résulte que de l'abondance de vie (la vie comme énergie). Lorsque leur forme d'expression symbolique est décryptée, il est possible de retrouver dans les vestiges archéologiques une sagesse de la vie et des connaissances sur la nature et sur la psyché de l'être humain auxquelles notre civilisation, malgré son avancée technologique n'a pas réussi à accéder. D'après mes recherches personnelles, il est clair pour moi que des civilisations beaucoup plus avancées que la nôtre ont séjourné sur notre planète. Elles connaissaient parfaitement l'aspect énergétique du corps humain et savaient utiliser à leur profit les énergies du cosmos et particulièrement l'énergie solaire. Je pense que l'Egypte qui nous fascine tant a porté jusqu'aux rivages du monde moderne des miettes seulement de ce savoir qui pour le moment dépasse encore les limites de notre entendement.

BIBLIOGRAPHIE

Approche scientifique, biologique du rêve:
Pour la France, voir le site de l'Université de Lyon 1: http://sommeil.univ-lyon1.fr/index_f.html

Changeux Jean-Pierre, *L'homme neuronal*, Fayard, Paris, 1983

Derek Denton, *L'émergence de la conscience*, Flammarion, 1998

Dossey, Larry, *Reinventing Medicine: Beyond Mind-Body To A New Era Of Healing*, New York, Harper Collins, 1999 relate dans ses premiers chapitres toutes les expériences scientifiques réalisées aux Etats-Unis parfois par des institutions prestigieuses comme l'université d'Harvard, à Boston.

Ferguson Marilyn, *La révolution du cerveau*, Paris, J'ai Lu, 1973, titre original: *The Brain Revolution.*

Jouvet Michel, *Le sommeil et le rêve*, Paris, O. Jacob, 2000.

Krippner Stanley, Rubin Daniel, *L'effet Kirlian*, Paris,

Sand, 1985

La recherche en intelligence artificielle, Seuil, Collection Points sciences

L'espace et le temps aujourd'hui, Seuil, collection Points Sciences

Revue des Sciences Morales et Politiques, année 1987, voir les discours notamment de Jean Bernard, Jean-Claude Pecker, Laurent Schwartz, François Jacob, Jean Hamburger

Schweizer Marlyse, *Mon corps, est-ce moi?*, Genève, La joie de Lire, 1994

Wallich, Eric "Qu'est-ce que la conscience", in *Univers Sante*, N° 7 avril 1996, p. 38

Woods Ralph L. and Greenhouse Herbert B., Editors, *The New World of Dreams*, New York, Macmillan Publishing Co, inc., 1974.
Vous trouverez dans ce livre de nombreux articles écrits par des scientifiques qui ont étudié le sommeil, ses cycles, les effets des drogues, médicaments, alcool et excitants sur le processus onirique, les effets de la privation de sommeil chez l'homme et l'animal, ou la privation du cycle REM du sommeil.

NOTES

---

[1] La solution de cette énigme est exposée dans mon ouvrage : *Les solutions de l'ancien droit romain aux problèmes juridiques modernes*, Buenos Books International, Paris, 2004, 2de édition.

[2] Siegfried Morenz, *Egyptian Religion*, London, Methuen and Co ltd, 1976, p. 126-127, traduit de l'anglais: « If the verdict should be unfavourable, the sinner falls victim to 'the devourer'.... a hybrid monster...".

[3] Etienne Drioton, "Le jugement des âmes dans l'Egypte ancienne", Revue du Caire, 1949, p. 1-2.

[4] Jean Yoyotte, "Le jugement des morts selon l'Egypte ancienne", Paris, Sources Orientales, IV, 1961, p. 46.

[5] Jan Assmann, *Maat, l'Egypte pharaonique et l'idée de justice sociale*, *op. cit.*, p. 82-83.

[6] Erik Hornung, *L'esprit du temps des pharaons*, *op. cit.*, p. 57.

[7] *Maat, La philosophie de la Justice de l'ancienne Egypte*, Buenos Books International, 2de édition, 2007.

[8] Sören Kierkegaard, *Traité du désespoir*, Traduit du danois par Knud Ferlov et Jean-Jacques Gateau, Paris, Gallimard, Folio Essais, 1949, p. 61; *cf.* également p. 87 et p. 89: "Le moi est formé d'infini et de fini ".

[9] Sur la photographie Kirlian voir notes n° 14.

[10] Pour une présentation synthétique de l'acupunture chinoise et de sa philosophie, Chanh Docteur Tran Tien, *L'acupuncture et le Tao*, Meudon, Editions Partage, 1988.

[11] Informations tirées de l'ouvrage de Changeux Jean-Pierre, *Neuronal Man, The Biology of Mind*, New York, Oxford, Oxford University Press, 1986, p. 60. Voir sur l'utilisation de l'électroencéphalographe pour les expériences en laboratoire sur le rêve: Ralph L. Woods and Herbert B. Greenhouse, Editors, *The New World of Dreams*, New York, Macmillan

Publishing Co, inc., second printing 1974, p. 278. Il permet de mesurer les variations de potentiel électrique du cerveau.

[12] http://www.fondation-altran.org http://www.wadsworth.org

[13] Bernard Guérin, *Bioénergétique*, EDP Sciences, 2004.

[14] Citation du site : http://www.fondation-altran.org/DevSite/index.jsp?lang=00000104912442818 7&id=00000114621202039 6&appform

[15] Démocrite pensait que nous captons à travers les pores les images émises par les objets et par les personnes et que ces images transportent des émotions. (voir J.P. Dumont, *Les Présocratiques*, Paris, Pléïade, Folio Essai, 1988, p. 542, cité par Jackie Pigeaud dans les commentaires de la traduction de *La Vérité des songes* d'Aristote, *op. cit.*

[16] Les Anciens ne nous ont pas laissé d'études exhaustives de l'interaction matière-immatériel au cours du processus onirique. Ils étaient trop tournés vers la divination et l'interprétation des rêves à des fins pratiques. Il semble de plus que les auteurs, tout comme les autres personnes, négligeaient leur propre auto-observation onirique. Aristote ne semble pas avoir une grande connaissance intime de ce phénomène. Quant à Artémidore très connu pour son Onirocritique (Artémidore, *la Clef des Songes, Onirocritique*, Traduit du grec et présenté par Jean-Yves BORIAUD, Paris, Editions Arléa, 1998), l'introspection ne semble pas avoir été à la base de son expérience. Celle-ci écrit-il, il l'a forgée par le voyage p. 14 "en produisant des faits d'expérience, ainsi que des preuves d'accomplissement". Il écrit (p. 14):

"Pour ma part, il n'est livre d'exégèse onirique que je n'aie acquis, mettant dans cette recherche toute mon ambition; mais, bien que soient décriés les devins des places publiques, dénoncés comme charlatans, imposteurs et bouffons par les gens à la mine grave et au sourcil hautain, méprisant à mon tour ces calomnies, je les ai fréquentés pendant des années, dans les villes grecques, lors des panégyries, en Asie et en Italie, et dans les îles les plus grandes et les plus peuplées, endurant le récit des rêves d'autrefois et de leurs accomplissements, seul moyen de s'exercer suffisamment dans cette discipline."

Artémidore n'avait pas replacé le phénomène onirique dans un processus vital plus global. Mais il n'est pas le seul, tous les livres sur les rêves anciens ou modernes sont trop focalisés sur le contenu des rêves et manquent d'ouverture aux réalités qui permettraient de mieux comprendre le processus onirique. Dans l'ancienne Egypte comme l'écrit E. A. Wallis-Budge, c'était aussi la divination qui intéressait les gens, et les magiciens égyptiens avaient mis au point des formules magiques pour provoquer des rêves sur le futur, telles celles retrouvées dans le Papyrus n° 122 du Bristish Museum, lignes 64 et suivantes et ligne 359 et suivantes. Voir: E. A. Wallis-Budge, "Dream magic of Ancient Egypt", 129-130, in Ralph L. Woods and Herbert B. Greenhouse, Editors, *The New World of Dreams*, New York, Macmillan Publishing Co, inc., second printing 1974.

[17] En ce sens *cf.* Dossey, Larry, *Reinventing Medicine: Beyond Mind-Body To A New Era Of Healing*, New York, Haper Collins, 1999, p. 80, sur le fait que le cerveau agit comme un filtre.

[18] *Cf.* Snow Chet B., Wambach Helen, *op.cit.*, p. 64; et Ferguson, Marilyn, *La révolution du cerveau*, Paris, J'ai Lu, 1973, Titre original: *The Brain Revolution*, p. 169.

[19] Sur l'effet réducteur de l'esprit conscient tel qu'il transparaît à travers la pratique de l'hypnose voir: Chet B. Snow, Helen Wambach, *Vision du futur de l'humanité*, *op. cit.*, p. 64.

[20] Christiane Desroches Noblecourt, *Le fabuleux héritage de l'Egypte*, Editions S. W. Télémaque, Paris, 2004, p. 291.

[21] Christiane Desroches Noblecourt, *Le fabuleux héritage de l'Egypte*, Editions S. W. Télémaque, Paris, 2004, p. 292.

[22] Sur ce sujet voir: Eggan Dorothy, "The Culture Shapes the Dream", p. 120-124, in Ralph L. Woods and Herbert B. Greenhouse, Editors, *The New World of Dreams*, New York, Macmillan Publishing Co, inc., second printing 1974.

[23] Par exemple: Chevalier Jean, Gheerbrant Alain, *Dictionnaire des Symboles*, Laffont, Jupiter, collection Bouquins, Paris, 1982.

[24] Expérience d'isolement déconseillée fortement aux personnes dépressives.

[25] Et qui n'utilisent pas de médicaments qui entravent la faculté de rêver.

[26] Anna Mancini, *L'Intelligence des Rêves*, Buenos Books International, Paris, 2003

[27] Pour des exemples de rêves qui annoncent la mort ou préviennent d'un danger de mort voir: Kelsey Morton, *Dreams: A Way to Listen to God*, New York/Mahwah, Paulist Press, 1989, p. 13, p.44, p. 72, p. 74 et p.79. Voir aussi: Ralph L. Woods and Herbert B. Greenhouse, Editors, *The New World of Dreams*, New York, Macmillan Publishing Co, inc., second printing 1974, p. 132.

[28] Galen, *On diagnosis from dreams*, Traduction par S. T. Oberhelman, J. Histoire médicale 38, 1983, p. 36-47; Hippocrate, *Du Régime*, traduction par R. JOLY, Paris Belles Lettres, 1967.

[29] Mais aussi de trains pour certaines personnes.

[30] Descartes, *Discours de la Méthode*, Paris, Edition Garnier Flammarion, 1996, p 208. Voir sur la vie de Descartes, Rodis-Lewis Geneviève, *Descartes: biographie*, Paris, Calmann-Lévy, 1995.

[31] Ceci a été aussi observé par Robert Moss dans *Dreamsgate, op. cit.*, p. 303.

[32] Moss Robert, *Dreamsgate*, *op. cit.*, p. 216.

[33] Précision pour les non-spécialistes, un naos est un petit temple de pierre, (une niche) dans lequel était placé la statue des dieux.

[34] Cité dans la Magazine Archéologie, n° 439, Décembre 2006, p. 45, Eunape, Vie des Philosophes, Aedesius.

[35] Pour des exemples cités par un médecin américain contemporain voir: Dossey, Larry, *Reinventing Medicine: Beyond Mind-Body To A New Era Of Healing*, New York, Haper Collins, 1999, p. 123.

[36] Anna Mancini, *L'intelligence des Rêves*, Buenos books International, Paris, 2003

[37] Cette expérience est déconseillée aux personnes dépressives.

[38] Berberova Nina, *C'est moi qui souligne*, traduit du Russe par Anne and René Misslin, Paris, J'ai lu, p. 447.
[39] Voir par exemple, le Papyrus de Hunefer, British Museum, 9901/3.
[40] Cette remarque a aussi été faite par d'autres auteurs voir par exemple: Robert Moss, *Dreaming True, How to Dream Your Future and Change Your Life for the Bette*r, New York, Pocket Books, September 2000, p. 29 et p. 189.
[41] L'écrivain Isabel Allende affirme avoir su à l'avance à travers ses rêves qu'elle allait être enceinte et le sexe de l'enfant à venir et elle dit qu'elle utilise à présent cette "faculté" pour sa descendance, Allende Isabel, *Paula*, *op.cit.*, p. 158. Voir aussi sur les rêves d'annonces de naissances: Malinowski Bronislaw, "The dream is the Cause of the Wish", p. 118-119: "Another class of typical dream is concerned with the birth of babies. In these the future mother has a sort of dream annunciation from one of her dead relatives.", in Ralph L. Woods and Herbert B. Greenhouse, Editors, *The New World of Dreams*, New York, Macmillan Publishing Co, inc., second printing 1974, p. 119.
[42] Voir dans les questions-réponses la section cauchemars d'origine psychologique de mon ouvrage déjà cité, *L'intelligence des Rêves*.
[43] C. G. Jung "Ma vie", Collections Témoins Gallimard, p. 229.
[44]C.G. Jung, *Essai d'exploration de l'inconscient*, Coll. Folio Essais, n° 90, p. 61.
Le psychanalyste C.G. Jung a écrit à la fin de sa vie l'ouvrage ci-dessus qui est considéré comme son testament ; dans lequel il expose le résultat des observations de toute une vie professionnelle au sujet de l'intuition et du phénomène des rêves. L'auteur écrit: "Beaucoup de philosophes, d'artistes et même de savants, doivent quelques unes de leurs meilleures idées à des inspirations soudaines provenant de l'inconscient." Il donne ensuite des exemples: "le mathématicien Poincaré et le chimiste Kékulé durent de leur propre aveu, d'importantes découvertes à de soudaines images révélatrices surgies de l'inconscient". L'auteur affirme p. 157 du même livre: "Même la

physique, la plus rigoureuse des sciences appliquées dépend à un point étonnant de l'intuition, qui agit par l'inconscient...".

[45] Namkhai Norbu, *Le Yoga du Rêve*, Editions JL Accarias, Paris 1993, p. 143-144

[46] Anna Mancini, *Maat, La philosophie de la Justice de l'ancienne Egypte*, Buenos Books International, 2de édition, 2007.

[47] Cette question est approfondie dans mon ouvrage: *Les solutions de l'ancien droit romain aux problèmes juridiques modernes*, Buenos Books International, Paris, 2004, 2de édition.

Du même auteur

Maat,La Philosophie de la Justice de L'Ancienne Egypte, par A. Mancini, aux éditions Buenos Books

International www.buenosbooks.fr

ISBN couverture souple: 9782915495287
ISBN couverture rigide toile: 9782915495294
ISBN livre électronique 9782915495300

http://www.buenosbooks.fr et sur Amazon.fr

www.ingramcontent.com/pod-product-compliance
Lightning Source LLC
LaVergne TN
LVHW091002080826
845145LV00003B/1093

9782915495621